PANGSHI PIANJU

庞氏骗局

钓鱼还是钓愚

DIAOYU HAISHI DIAOYU

严行方◎著

中国财富出版社

图书在版编目（CIP）数据

庞氏骗局：钓鱼还是钓愚 / 严行方著．—北京：中国财富出版社，2017.1（2024.9 重印）

ISBN 978-7-5047-6396-9

Ⅰ．①庞…　Ⅱ．①严…　Ⅲ．①金融犯罪—诈骗—案例—中国　Ⅳ．①D924.335

中国版本图书馆 CIP 数据核字（2017）第 020895 号

策划编辑 谷秀莉　　**责任编辑** 田　超　刘康格

责任印制 梁　凡　　**责任校对** 孙丽丽　张营营　　**责任发行** 于　宁

出版发行 中国财富出版社

社　　址 北京市丰台区南四环西路 188 号 5 区 20 楼　　**邮政编码** 100070

电　　话 010-52227588 转 2098（发行部）　　010-52227588 转 321（总编室）

010-52227566（24 小时读者服务）　　010-52227588 转 305（质检部）

网　　址 http://www.cfpress.com.cn

经　　销 新华书店

印　　刷 北京九州迅驰传媒文化有限公司

书　　号 ISBN 978-7-5047-6396-9/D·0142

开　　本 710mm×1000mm　1/16　　**版　　次** 2017 年 3 月第 1 版

印　　张 16.25　　**印　　次** 2024 年 9 月第 5 次印刷

字　　数 225 千字　　**定　　价** 45.00 元

自 序

骗你没商量

读了这本书，我不能保证你今后就不会再上当受骗了，因为新的骗术层出不穷、防不胜防，所谓“道高一尺，魔高一丈”；但毫无疑问，本书确实能帮助你预防商业洗脑，了解过去是怎么上当受骗的，以及理解为什么身边还会有那么多人喜欢并且依然在飞蛾投火。

按理说，处在现在这样一个信息社会，经济学知识已相对普及，人们应该会根据自己的偏好来决策正常的经济和投资行为；之所以会有这么多不正常的“钓鱼”和“钓愚”行为，有这么多鱼儿愚蠢地上钩，归根结底，还是因为他们的决策依据并不是真正的偏好，而是这种偏好受到了某种诱惑，这也就难免要让正常人看不懂了。

有意思的是，就在正常人看不懂他们的同时，他们也看不懂正常人；认为后者才是怪物，才是不理性的，才会白白错过那么多“暴富机会”。也难怪，经济社会中所有人都会自觉不自觉甚至刻意追求经济利益。但同时也应当承认，所有人的经济行为哪怕 99% 是正确的，也会因为这 1% 的疏忽或受骗而前功尽弃，从原来平静而殷实的生活坠入破产深渊。

这正是庞氏骗局的目的。人是趋利性动物，传统经济学一直在倡导追求高回报、高估值。从某种意义上说，市场经济条件下充满“欺骗”，所谓“双赢”模式或许根本就不存在。在利伯维尔场（自由市场）里，“人们自由地欺骗别人，也自由地被别人欺骗”似乎天经地义。直到今天，依然经常会有人说“我乐意，关你什么事”。在本书中，读者就能屡屡看到为什么会出现这种情形及其深层次原因。

同时，本书也会告诉读者，无论是个人、组织或政府，对盈利的追逐固然有可能鼓起腰包，但结果必定会导致操纵和欺骗。尤其是在各种鱼目混珠的所谓“创新”中，更会让人在一阵阵眼花缭乱之后不知不觉地上当受骗。换句话说，自由市场并不总是有效的；相反，却会经常失灵。

与宋朝人“挂羊头卖狗肉”这种赤裸裸的欺骗相比，庞氏骗局富有想象空间和迷惑性，因而也显得更加高级、文明、儒雅。就好比说，他已经把你给卖了，你还在一旁屁颠屁颠地帮他数钱。不仅如此，庞氏骗局还具有弥漫性特点，会给整个社会和人类造成前所未有的系统性风险。

可以相信，只要“利益至上”这一经济学假设不变，全球和未来就必定会继续充斥操纵与欺骗，因为现实和竞争会迫使他们这样去做。

从历史上看，庞氏骗局的始作俑者查尔斯·庞齐并不是第一个发明“金字塔式骗局”“老鼠会式诈骗”的人，但他的破坏作用让美国人深受领教；而在他之后的这100年间，类似诈骗活动已席卷全球，并屡禁不止。尤其是在当今实体经济低迷、投资渠道狭窄、互联网日益发达的全球环境下，还有愈演愈烈之势。正因如此，本书的出版就非常具有理论价值和现实意义，能够为广大读者提高识别能力和有效防范助一臂之力。

本书内容共分为七章。在系统介绍庞氏骗局的起源、发展和结果，以及四大特点和三大类型后，明确指出这是一种“钓鱼”和“钓愚”行为，并且必然走向崩盘。本书在深刻剖析庞氏骗局沉渣泛起深层次原因的同时，还专门针对我国读者，重点揭露了庞氏骗局在我国的罪恶现状和表现形式，对读者具有更强的针对性和指导性，尤其适合传销者家庭阅读参考。

尹行方

2017 年 1 月

目录

CONTENTS

第一章

什么是庞氏骗局

太阳底下无新鲜事。庞氏骗局古已有之，但直到被查尔斯·庞齐“发扬光大”后才形成套路。其实质是：虚构一窝不劳而获的诱饵，忽悠一批想不劳而获的人，最终成就几个不劳而获的骗子。

庞氏骗局的由来

所谓庞氏骗局，是指对外谎称向某企业或某项目投资，实际上却是资金在体外循环或主要在体外循环，通过把后来参与者的钱作为之前参与者的高额回报的这样一种诈骗组织或行为。

庞氏骗局的始作俑者名叫查尔斯·庞齐（Carlo Ponzi，1882—1949），是一位好吃懒做却整天梦想着发财的意大利人。虽然庞氏骗局从古至今一直存在，但直到庞齐把它“发扬光大”之后，才名声大噪。

劣迹斑斑的国际混混

庞齐1882年出生于意大利卢戈镇，是一位劣迹斑斑的国际混混。也只有在这样的人身上，才会发现并出现庞氏骗局这样的“人间奇闻”。

俗话说，勤劳致富。不肯付出劳动，却又整天梦想着不劳而获，这样的成功从来都不存在。所以，庞齐虽然在罗马一所大学混了几年（他自己称之为“付费的假期”），并且干过许多行当，差一点把三百六十行都做了个遍，可是却一直混得不好。在这种情况下，他决定去人称“自由天堂”

的美国闯一闯。

1903 年，21 岁的他坐上了去美国的轮船。在船上闲来无事，恶习自然就沉渣泛起，于是和人玩起了赌博。无奈，他手气总是不佳，随身家当输了个精光。等到轮船抵达美国波士顿时，他身上只剩下 2.5 美元，都不够吃顿午餐。怎么办？他只能硬着头皮先上岸再说，否则还能怎么着呢？

踏上美国的土地后，一无所有的他只好从餐馆服务生做起，既有吃有住，又不用投入任何资本，还不用出示任何证书。可是在餐馆洗碗端盘子时，身为街头混混的他总是忍不住手痒痒，最终因为偷钱和私吞找零被开除。

1907 年，庞齐来到加拿大蒙特利尔的一家银行打工。不用说，银行里的钱比餐馆要多多了，随便开张支票都可以是巨款。恶习难改的他因为伪造支票被判处三年有期徒刑。

1911 年出狱后，他坐上了返回美国的火车。而就在途中，他卷入一宗人口偷渡案，所以，这次回美国就直接变成了去蹲监狱。就这样，他又蹲了两年监狱后才被重新放出来。

在这之后，庞齐做过油漆匠，也做过其他杂七杂八的体力活。但经过**十多年的底层生活历练，他开始有了人生中的第一个重大发现，那就是：来钱最快的非金融行业莫属。**

“一战”后浑水摸鱼

1914 年 7 月 28 日至 1918 年 11 月 11 日，爆发了第一次世界大战。就在 1917 年“一战”快要结束时，庞齐深刻体会到它给各国经济造成的严重破坏，觉得在这百废待兴之际，自己正好可以趁此机会“浑水摸把鱼”。

于是，他隐瞒自己过去的身份，重新杀回熟悉的美国波士顿。在做进出口贸易时，他偶然间接触到了“回邮券”，觉得这是个机会。

话说这种回邮券是一种可以在全球流行的邮政票据，通俗地说就是：寄信人为了减轻回信人的经济负担，在信中夹带一张回邮券，收信人便可用它在当地邮局兑换邮票。这一做法在20多年前的我国依然存在，只不过寄信人在收信人的信中夹带的不是回邮券，而是回邮邮票或等额邮资罢了。

第一次世界大战后欧洲经济十分低迷，而美国稍好。所以，从理论上说，如果在欧洲用美元兑换当地货币购买回邮券，拿到美国来换取邮票，应该是一笔稳赚不赔的生意，有点像我国改革开放之初股民“杨百万”在不同地区之间倒卖国库券。最起码，原本属于国家外汇兑换的差价会落到庞齐手里去。只是寄信邮资价格并不高，并且在跨国购买和兑换环节上常常会发生杂七杂八的费用，所以净收益率低得可怜。

但这一点难不倒庞齐，因为实情只有他知道，外界根本没有几个人懂这玩意儿。内行骗外行，“天经地义”。就这样，这一惯骗带着职业骗子特有的自信，开始向周围的人信口雌黄：投资回邮券只要45天就能稳赚50%，3个月确保盈利翻番。

当然，没人信他那一套。为了提高可信度，他从一个名叫J. R. 丹尼尔斯（J. R. Daniels）的人那里借来注册资本和办公家具，于1919年正儿八经地成立了一家“证券交易公司”。他对外宣称，该公司的主要业务是从西班牙买入法国、德国的国际回邮券，然后加上一定的利率差价，转手倒卖给美国邮政局。因为战争引发法国、德国货币严重贬值，再加上不同国家之间的政策、汇率等因素十分复杂，一般人对此根本搞不清，所以对这一差价的盈利空间产生了无限的想象。

一开始，只有少数几个胆大的波士顿人敢把钱投给他。虽然这项业务根本只是他的一种虚构，但庞齐这个人很讲“信用”，每次都能如期兑现承诺的收益，这样，就导致一批又一批参与者慕名而来。

后来的考证表明，他所圈到的钱如果真的要购买欧洲回邮券，足够买几亿张，而实际上，他只买了两张做样品。因为他的实质不在于从事什么“业务”，最重要的是，要让人家知道投资这玩意能够获得高额回报。不过，虽然这一目的十分简单，但为了能够浑水摸鱼，一定要把计划故意弄得非常复杂，几乎让所有人都坠入云里雾里，这样才好方便运作。

可是，别人又怎么知道他内心的这一阴谋呢？他们看中的是高额回报率，而庞齐看中的则是他们的本金。尤其是当第一批参与者获得了实实在在的回报后，后来者蜂拥而上，一时出现热火朝天的局面。

一方面，滚滚而来的后来者打破了头也要挤进来，使得庞齐有足够的钱支付之前参与者的所谓利息，同时还有巨额差价供自己大肆挥霍；另一方面，前面的参与者能够按照承诺获取如此丰厚的回报率，又会使得更多后来者疯狂地要求加入。

就这样，雪球越滚越大。没过几个月，他手上的资金就超过 300 万美元，名声大振；而名人效应，又方便他接下来的继续招摇撞骗。庞齐“发明了钱”的消息不胫而走，骗局越玩越大。

在前后差不多一年时间里，庞齐就吸引到 4 万名波士顿市民的累计资金 1500 万美元。这些人大多是穷人，却整天做着发财的梦，所以，平均每个人的投资额都只有数百美元。

钱像潮水般地涌来，实在没地方堆了，他不得不打上了银行的主意。因为只有银行有能力吞吐巨额钱款，所以他开始拼命地往波士顿汉诺威信托银行（Hanover Trust Bank）存钱，很快就成为这家银行最大的储户。而他的诡计是，一旦成为银行大客户，就突然抽走存款，令银行陷入被动，从而顺手接管银行。就这样，1920 年夏天，他在这家银行的投资额达到

300 万美元，终于成为该银行的掌控者。

这时候的庞齐已经从劣迹斑斑的骗子、罪犯，摇身一变成了风光无限的银行家。他一边在物质上用奢侈品包装自己，一边在舆论上雇用公关威廉·麦克马斯特（William Mc Masters）树立自己的正面形象。他的别墅有20 个房间，他昂贵的西装有 100 多套，他镶金的拐杖有数十根，他的妻子拥有无数昂贵的金银首饰，而他自己连烟斗上都镶嵌了钻石。

当大批崇拜者在公开场合称他为“最了不起的意大利人”时，他假装谦虚地回应说：“不，不，哥伦布和马可尼才是。他们一个发现了美洲大陆，一个发明了无线电。”就这样，人们很自然地就进一步把庞齐称为“最伟大的三个意大利人之一”，与最早发现美洲大陆的克里斯托弗·哥伦布（1451—1506）、无线电发明者伽利尔摩·马可尼（1874—1937）并列，原因在于他“发明了钱”。

骗局揭穿，厄运连连

就在庞齐顺风顺水时，半路上突然杀出个“程咬金”来。

那个最早借钱给庞齐支持他“创业”的 J. R. 丹尼尔斯，不知确有其事呢还是眼红，向法院起诉说，庞齐在回邮券交易中欠他 150 万美元。消息经媒体报道后，不但引发人们的怀疑，而且还引起政府部门的介入。财大气粗的庞齐交出账本后说，因为他现在遇到了官司，所以宣布暂停接受投资，但承诺继续兑付到期利息。

而实际上，庞齐这时候正在策划如何利用银行的名义投入 1000 万美元向政府购买一艘退役商船，然后，把所有人包括自己的投资都转移到这项新业务中去，换成这艘商船的股份，从而达到洗钱的目的。但银行的其他股东们认为，这样做势必会把损失转嫁给银行，于是否决了这项决议。

这时候，媒体上的各种负面消息已经在发酵。著名金融家查伦斯·巴伦（Clarence Barron）在《波士顿邮报》上发表文章说：尽管庞齐给参与者兑换了丰厚的回报，可是其本人并没有投资购买回邮券；如果回邮券真的赚钱，他为什么不继续投资回邮券而是去买银行呢？再说了，如果庞齐真的在从事回邮券业务，购买数量需达到1600万张，而这时候实际流通中的回邮券总共才有2.7万张，这根本就是个骗局！

对此，庞齐高调地在报纸上发表文章反驳说，这些金融专家其实狗屁不懂。这样的反驳虽然苍白无力，但他也只能这么做，因为他很清楚，只要他能如期兑现过去承诺的高额回报，其他就“什么都不是事”。令他没想到的是，庞齐的公关先生威廉·麦克马斯特这时候跳出来爆料说，庞齐即使不必再支付利息，资金缺口也已高达200万美元；他还特别提到，庞齐本人也承认，过去两个月与欧洲没有任何贸易往来。

与此同时，各种“人肉”资料开始暴露于世，就连庞齐过去伪造支票入狱以及在加拿大的种种丑闻也被一起挖出来，上了报纸头条。

更不用说，无论什么样的正常投资都不可能承担得了如此之高的回报率，任何骗局最终都要被揭穿。所以，当后来怀疑的人越来越多，波士顿当地媒体越来越多地表示关切时，后续参与者数量迅速减少，使得庞齐再也无力支付先期参与者的利息了，他不得不于1920年8月关门大吉，带着约4万名参与者的巨额投入逃之夭夭。

波士顿政府随即宣布庞齐破产，预计资金窟窿超过500万美元。1920年11月，庞齐收到两份起诉书，面临86项指控；而这时候他投资的汉诺威信托银行等5家银行也一并倒闭。

在上述众多指控中，庞齐与检方达成协议，只承认其中一份起诉书的罪名，被判监禁5年。而实际上，他在3年半后即被释放。接下来，美国的马萨诸塞州直追穷寇，继续以剩余罪名起诉他。

奇怪的是，直到这时候美国政府才发现庞齐并不是美国公民，于是宣布他为“不受欢迎的外国人”，把他驱逐出境。与此同时，他们又抓不住庞齐什么把柄，所以只好抓了放、放了抓，直到1926年再次被关押7年后于1934年驱逐出境。庞齐离境前意味深长地对记者说：“我是来找麻烦的，我的确也成功了。”

回到意大利后，庞齐继续招摇撞骗，不过处处碰壁。甚至，他还想方设法一直骗到意大利首相贝尼托·墨索里尼（1883—1945）那里，结果，阴谋当然是未能得逞。所以，最后只好前往巴西为一家航空公司工作。该公司在第二次世界大战中倒闭，后来他改行以教英语为生。

庞齐1948年因脑出血导致半身瘫痪，双目几乎失明。1949年，他怀着骗取苏联政府20亿美元的“梦想”，于一家慈善福利院去世，死时身无分文。

拓展阅读

他靠讲故事骗到3.3亿元

1983年出生的四川泸州人陈某，以“炒外汇”的名义，2010年7月在广东东莞设立了一个名叫“金来金实业投资有限公司”的平台。该平台对外宣称从事外汇炒作、办理塞浦路斯投资移民等，用每月固定付息2%～3%、到期无条件绝对还本，拉到业务后当场提成20%为诱饵，实际上仅仅是借新还旧而已。

陈某设骗的对象主要是身边的同乡、长辈和亲戚，尤其瞄准其中的有实力者如企业家、包租公等，对一般老百姓的“小钱”还并不是很感兴趣，所以设定的投资门槛是起步10万元。只要有人参与进来，他就会充分挖掘新加入者的周边人际资源。

为了把故事编得逼真，一方面，他邀请投资金额较大或有可能投入大额资金的潜在客户去塞浦路斯旅游、参观房地产项目，告诉他们说这些房地产就是自己买下的，接待规格极尽奢华；另一方面，他还经常邀请欧洲的一些经济界人士来东莞洽谈合作事宜，让人相信他拥有巨大的能量（奇怪的是，他在东莞本地却没有投资任何企业）。即使在平台快要崩盘前，为了能稳住客户，他依然不慌不忙地在推广业务，并且还在2015年春投入近百万元办了一场高规格的公司年会，其中光请郎咸平做一场40分钟的演讲就花了25万元。

2014年至2015年4月30日是平台发展最迅猛的时候，由于其中有几位重量级同乡、长辈参与投资，一时间业务量暴增。

2015年5月，平台已经开始无法兑现对参与者的承诺了。面对质疑，陈某以“正在策划大项目、需要用钱”予以敷衍。后来面对参与者的纷纷举报，他终于招架不住了。在躲避警方调查的逃亡期间，他多次利用微信发布“指示”（威胁），要求参与者不要扩大事端、要照他的指示去做；只要再给他一两年时间，定会给参与者一个满意的回报。否则，如果警方立案了，所有账户资金被没收，大家都会一起玩完。

2015年11月，平台位于东莞的总部以及中山、佛山、江苏、安徽等地的分公司和办事处相继关门大吉。警方初步查明，该案共有受害者约350人，涉案资金3.37亿元，一年半内造成损失2.28亿元。①

在已查明的受害者中，投入最多的超过800万元、最少的也有100万元，其中绝大多数是陈某在东莞周边经营企业的同乡，也有部分是退休老

① 张鹏：《代客炒外汇亏2.28亿，法人代表当庭包揽所有罪名》，载《南方都市报》，2016年8月25日。

干部。其中龚某在一年内共计投入400多万元，直到陈某落网后他才如梦初醒：想当初只听说陈某从事“炒外汇”，但该平台除了几十名业务员之外，平时根本就没见到过一位分析师或外汇交易员之类的员工。

许多受害者纷纷感叹说，自己在社会上办企业混了这么多年，没想到最后会被一个后生晚辈坑得血本无归。①

① 陈明、李升：《东莞：男子编精彩故事四处宣讲，制造庞氏骗局骗走1亿》，载《广州日报》，2015年11月30日。

庞氏骗局的实质

庞氏骗局的实质，就是虚构一家企业或一项业务，诱使参与者用后来者的钱作为自己的快速盈利，从而诱使更多的人上当受骗。一旦参与者来源受限或资金难以为继，骗局就必然要骤然崩溃。

庞氏骗局是一种最古老、最常见的投资诈骗，是传销活动的鼻祖。虽然它名为庞氏骗局，其实既不是起源于庞齐更不可能止于庞齐，而是从古至今一直广泛存在于人类经济生活中，只不过庞齐的骗局最典型罢了。

拆东墙补西墙

有人通俗地把庞氏骗局称为“拆东墙补西墙”。拆东墙补西墙确实是庞氏骗局的一大标志，但问题又不仅仅局限于此。

一方面，既然是拆东墙补西墙，那它就一定会用后期参与者的钱支付前期参与者的利息和短期回报，制造一种“这钱是我自己赚来的”的假象，从而骗取更多的人前来投资。

另一方面，又**不能反过来说凡是拆东墙补西墙的经济行为都是庞氏骗局；恰恰相反，拆东墙补西墙还是金融行为的一大特征和主要特征，经济术语叫“资金调度”或“调剂使用”**。从字面上看，金融就是指资金的融会贯通，通俗地说就是把资金调来调去进行最有效的利用。

例如，无论是存款还是投资，最终你拿到的这笔钱都不是你原来投入的那笔钱。这听起来有点像绕口令，又好像是一句废话，但却是判断是不是庞氏骗局的一大本质特征。也就是说，**庞氏骗局是拿你的钱去直接付别人的钱，这种行为在会计上叫“坐支”；而银行存款及投资拿了你的钱是要进入实体经济的，最终付给别人的钱是从实体经济中兜了一圈回来的，这时候它已经实现了价值增值**。

庞氏骗局的坐支现金，在会计概念上是指从收到的现金中直接进行开支，通俗地说，就是挪用营业（收入）款。而根据财务制度规定，企事业单位收到的现金应当及时存入银行，需要支付的现金应当从银行支取；如有特殊情况需要坐支现金的，应当事先经开户银行审查批准，在开户银行核定的坐支现金范围和限额内进行，同时定期向开户银行报送坐支金额和使用情况，从而处于银行监督之下。

不劳而获者集合体

庞氏骗局是最典型的金融诈骗，而这个世界上绝大多数的金融行为都是为了让绝大多数人赔钱的，绝不是相反。这无关道德和境界。想想看，如果它是为了让绝大多数人赚钱即怂恿绝大多数人不劳而获，这又是多么的不符合社会发展逻辑。

从这个角度看，**庞氏骗局的实质，就是要在这里集聚一批批不劳而获者——先是虚构一窝可以不劳而获的诱饵，然后忽悠一批想不劳而获的人，最终必定会让这群想不劳而获的人鸡飞蛋打（赔钱），最终成就那少数几个不劳而获的骗子**。

所以，庞氏骗局的做局者和参与者中多是那些梦想不劳而获的人，是对“快速致富”的渴求促成他们“为了一个共同的目标走到一起来了”。

明白了这一点就容易理解，为什么面对同一庞氏骗局，参与者和旁观者尤其是拒绝参与者会表现出截然不同的两种态度来：前者深信不疑，后者则认为十分可笑和愚蠢。原因在于，前者看到别人赚得巨额钞票对自己的思维方式产生了重大的影响，并且蠢蠢欲动。也就是说，他看到（至少是相信）已经有人从这种方式中真的赚到了钱，而且是巨款（至少对他来说很有吸引力），所以也想投入其中趁机捞一把；而后者则不相信有这种“从天而降的好事”。换句话说，在这些参与者眼里，证据的重要性超过了他们对这一事物本该拥有的基本判断，昏头了。

举例来说：如果庞氏骗局的基本模型分为 3 级，按 50% 提成计算，那么每人拉 2 个下线，比如我缴了 1 万元，处在第 1 层，那么第 2 层的 2 个人也是每人缴 1 万元，我就能收到 2 万元，这样我就不但已经回本，而且盈利了 100%（这诱惑够大的了吧）；如果第 2 层的这 2 个下线，他们也都各拉到 2 个下线即第 3 层，那么第 3 层一共有 4 人，他们每人上缴 1 万元，这时候第 2 层就能收到 4 万元，我可以从中提成 50% 即 2 万元。也就是说，我给上线付出的是 1 万元，可是到第 3 层就能总共收到 4 万元。在第 2 层、第 3 层合计 6 个人中，每人都付出 1 万元，最终结果是第 1 层的我从中得到 4 万元，扣除我上缴给上线的 1 万元后实得 3 万元；第 2 层 2 个人每人可得 1 万元，恰好保本；第 3 层 4 个人分文不得。也就是说，在这 6 个人辛辛苦苦都盼望着不劳而获时，最终结果却把大头送给了做局者（我），忙了半天第 2 层也才勉强保本，第 3 层更是当了冤大头。可为什么有这么多人会聚到一起来呢，就是都想不劳而获，却忘记了血本无归的风险。

实际中的庞氏骗局模型比这要复杂得多，而且不一定完全一致，但基本上大同小异。**之所以搞得异常复杂，一方面是为了平衡上下级之间的各种利益关系，另一方面也是为了显得他们的模型是多么的“科学”“精确”**

而“先进”。当然，还有一条，那就是模型越复杂，能看懂的人就越少。

毫不客气地说，凡是参与庞氏骗局的人，价值观都有问题。不是在参与这个骗局之前就梦想不劳而获，就是经不起诱惑、经不起洗脑。

千万别小看了这种洗脑的作用，他会用他的价值观取代你原有的价值观，并且让你相信他是正确的。这就导致那些从传销组织中解救出来的一些人，在多少年过去后依然会坚信他被洗脑的结果，道理就这么简单。关于洗脑，本书后面还会重点探讨这个问题。

拉大旗作虎皮

拉大旗作虎皮是所有庞氏骗局的一贯作为。一方面，它需要通过这种方式来强调自己的正确性、先进性、前瞻性；另一方面，也需要通过权威声音和名人效应来帮助自己说服参与者，起到更快、更好、更高的效果。

这就是让许多人感到困惑的地方：一个人好好的怎么就被洗了脑？而其实，在庞氏骗局设计好的剧本中，洗脑这一关实际上再容易不过，有人形容甚至比格式化一张电脑磁盘更简单。为什么？因为人的理性最不可靠，更何况每个人都有弱点（贪心不足）。所以，只要针对其弱点对症下药，一针扎下去很容易就把一个正常人变成愚不可及。

这些拉大旗作虎皮的方式通常有以下几种。

1. 名人站台

所谓站台，原本是指车站的月台，指那块高于路面供上下乘客及装卸货物的平台，延伸为给某一观点、立场助威。在这其中，既有经济利益，也有价值取向，还可能有政治纠缠。

名人站台是庞氏骗局的保留节目。平台要有权威性，政府要想有政绩，名人也要过生活，站台这样的事就会屡见不鲜。既然政府部门开会喜欢请名人讲课、聚集人气，上市公司喜欢找名人担任独立董事，那么就一定会有庞氏骗局积极仿效。

名人好比演员，收费办事，并没有义务去核实企业的背景及合规性，所以，问题更多地出在做局者混淆视听的宣传和参与者的盲目上。名人演讲的观点究竟是自己对行情的预判还是为企业做虚假宣传，这个界限很难划得清；而参与者也应当知道“投资有风险，入市需谨慎”。所以，名人站台对投资行为能产生实际影响的比重很少，主要是起点缀作用。

2. 合法性谎言

庞氏骗局的运作虽然是彻头彻尾的骗局，却硬要把自己装扮成合法的样子。最常见的是把自己说成“新生事物”“先进模式”，很多有名的科学家在经过了多年的潜心研究后才总结出来这一模式。

在我国，做贼心虚的他们因为害怕政府打击，同时也是为了愚弄参与者，所以一般都会在竭力与传销划清界限的同时，不忘编出一套其模式是“政府引进”“暗中扶持”的谎话来，把一些荒唐的做法全说成是政府制定的“行业标准”和“行为规范”，好像你不听就是触犯了国家法律。在这一过程中，还会编造各种领导人讲话、会议精神、媒体报道来加以佐证，从立体角度让人看上去确实是这么回事，从而信以为真。

3. 使命谎言

明明是一场骗人钱财的把戏，他们却会赋予其许多高、大、上的“历史使命”，把做局者吹得神乎其神，好像是上天派他们下凡来拯救你的，让参与者觉得这是“百年不遇”的机遇，“机不可失，时不再来”，如果你“今天对我爱理不理，明天（就会）让你高攀不起”。

为了配合这一气氛，他们还会故意拼凑各种丑恶现象，把社会描绘得无比黑暗，从贪官污吏、经济危机、房价飞涨，到我国加入 WTO（世界贸易组织）后洋货大举入侵、大小企业都要破产等，用危言耸听来反证只有他们才能拯救在水深火热之中的你，只有参与他们才能“振兴中华”“抵御列强”，好像要实现“中国梦”就全靠他们了似的。

看起来这有点像学生军训的效果。经过这么一下子，哪怕以后遇到再困难的局面，都会让他们觉得自己是在“完成使命”而强忍着。

4. 愿景谎言

庞氏骗局都会许诺高回报率，并以此作为海市蜃楼灌输给参与者。比如，投入 3800 元两年后能有 380 万元、投入 36800 元回报 1580 万元、投入 69800 元回报可达 1040 万元，等等。这些在正常人看来无疑是痴人说梦，可是在做局者的洗脑下，谣言千遍仿佛就真的成了真理。

为了证明不是空口无凭，他们会编出各种励志故事来加以宣扬。谁名气大、谁是财富英雄和互联网英雄，他们就把这些故事安在他们头上，马云等都是他们经常提到的名字。而其实，本书上面的例子已经说得很清楚了，69800 元如果真的能变成 1040 万元的话，只可能出现在做局者身上，后面的参与者基本上是炮灰，直至血本无归。

除了利诱，他们还会编出一套为国家培养人才的谎言，以呼应前面这是“国家项目”的伏笔。谎称业绩完成得好，国家就会扶持他们做地方领导，考公务员也会优先录取；会扶持他们经商，优先承接国家重点项目；等等。

这些谎言正常人听了只会一笑了之，但参与者却会信以为真。

拓展阅读

月赚百万，然后就没了然后

广东省江门市的“90后”阿章，和许多年轻人一样，梦想着有朝一日能轻轻松松地就走上财务自由之路。

2014年，他通过朋友认识了一位绰号叫“叉烧”的“85后”年轻老板。28岁的叉烧不但拥有自己的公司，而且开豪车、住豪宅，着实令同龄人羡慕不已。阿章从叉烧口中得知，他的致富秘诀是“炒卖手机”。

当时的叉烧做这个生意差不多已有半年时间，但来钱如此之快还是令阿章多少有些警惕。所以，他一方面通过朋友少量地投资该项目，另一方面在一旁默默地观望。几次下来，虽然年收益率从过去的24%慢慢跌到12%～13%，但最多的时候一个月能赚几百万元还是令他心动不已；唯一的遗憾在于，每当到了收取利息的时候，对方总会以各种理由把他的这笔利息再转为投资。

但尝到甜头的他，还是从旁观者变成了积极参与者，投资额也从最初的10万元一直滚动到3000多万元。直到2016年1月，叉烧开始用不同借口拒绝支付利息和本金了，这下子阿章才开始慌张。因为这其中不但有他自己的钱，连亲戚、朋友省吃俭用的钱也全部卷入其中。他连忙向朋友打听，这才知道有十多位同龄人参与了该项目，并且都讨不到本金。

于是大家向警方报案。没想到叉烧倒也痛快，被大家追款追得急了，一口承认自己一开始就是玩了个庞氏骗局，随后便向警方自首。可怜的是这一群20多岁的年轻人，原来还都做着每月能轻松赚到上百万元的美梦，这时候本金连同利息一共7000多万元如同“肉包子打狗，有去无回了”。

律师表示，阿章遭遇的这种庞氏骗局，投资项目一般都是虚构的，诈骗过程中会使用一些小手段迷惑参与者，如谎称经营秘密等拒绝透露底牌，一旦后面收到的资金无法兑现此前的承诺，便会卷款潜逃。这时候受害者剩下的投资便会面临无法追回的巨大风险，即使已经被警方刑事立案，也要在侦查结束甚至判决结束后才可能拿回部分相关款项。①

① 许嘉文、冼伟超：《江门多名90后遭遇“庞氏骗局”，月赚百万后被骗超7000万》，广东省江门电视台，2016年2月16日。

投资理财历来是个技术活儿

投资、理财历来是个技术活儿。有人总结说，这世界上有两大难：一是赚钱，尤其是要让对方高高兴兴地把自己的钱主动掏给你，还要对你说声谢谢，就更难了；二是家庭教育，即把孩子教育成人并出人头地。

所以，当有人对你说赚钱很容易，尤其是说只要把钱交给他，“闭着眼睛都能赚钱”，并且能确保一年赚个20%、50%、80%甚至翻几倍，“没什么风险”，这时候你就要警惕了，并要立刻敬而远之。因为这违背了基本常识，你面对的很可能是庞氏骗局。

承诺固定收益即为非法

投资有风险，入市需谨慎。有鉴于此，任何投资项目如果承诺可以获得固定收益甚至还是高收益，必定存在猫腻。

以各种募集资金的基金公司为例。**基金在全球范围内都不能承诺固定收益，这是国际惯例，**我国的《证券投资基金法》也有同样明确的约定。**能够承诺固定收益回报的只能是债务，**而发行债务需要经过第三方独立机构的评级及定价，并不是你自己开口说说就行了的；**基金如果承诺固定收益回报，其性质就成了非法揽储**。

在我国，2009年以来各种财富管理公司开始在市场上泛滥，它们往往以组织形式更为方便、灵活的有限合伙制面目出现，利用双方信息的严重不对称，以发行固定收益承诺的产品来骗取参与者的信任。一旦发生兑付风险就卷款潜逃，也有的是基金管理人员本身就是在恶意诈骗，一见形势不妙就逃之夭夭。**所以能看到，我国查处的多起以有限合伙基金模式承诺固定收益回报的案件，最终都是以非法集资罪被追究刑事责任的**。

这些人对参与者宣称的高回报率和固定收益，其实完全是一句空头承诺，关键要看后期参与者流入的资金能否支撑前期参与者的回报。而实际上，这些资金完全或主要掌握在他们手里，并没有进入任何实体经济。他们当然会认为这样“赚钱很容易”，一手进一手出要比搞实业简单得多，就好比上饭馆吃饭比在家里自己做饭要简单一样。

归纳起来，这里具有几大共同特点：一是组织形式为有限合伙制；二是产品是通过代理渠道销售的；三是基金管理人特别注重装点门面，如租用高档场所、召开高大上的年会或出国旅游、大小活动邀请地方官员或专家出席等；四是到处公开承诺高收益率，并且宣称无风险；五是打着上市招牌或干脆宣称即将上市；六是产品投向多为三、四线城市及农村。

而这些上当受骗的参与者也有以下几大共同特点：一是只关注收益率高低；二是过于相信代销渠道或代销人员的介绍；三是对金融产品不是很了解，对风险认识不足；四是从不关心资金投向或关注度不够。①

例如，2015 年 10 月，陷入 63 亿元兑付危机的深圳金赛银基金负责人王某卷款潜逃，给参与者留下 30 亿元的资金窟窿。在此之前，该平台在非常高档豪华的会所办公，让人一看就觉得其实力非凡；平台到处打着政府项目的旗号进行推销，合作活动均有省市领导参加，让人不得不联想其背

① 《“金赛银”凸显财富管理行业乱象，借力第三方征信或解“雾里看花”》，载《21 世纪经济报道》，2015 年 10 月 30 日。

景深厚；谎称产品由平安保险担保（其实平安保险只承保了其财产险，并未承保与理财产品相关的险种）；官网上挂着在上海股权托管交易中心挂牌交易的消息（实际上这种挂牌门槛极低）。

那么，该平台的这30亿元都去哪儿了呢？在过去的4年里，该公司的足迹遍布四川、云南、湖北等7个省份，项目大多是三、四线小城市的房地产，如农贸市场建设、城中村改造等。而参与者不但不了解这些项目的具体投入，更不了解许多项目并未真实出资或早已成为烂尾工程。换句话说，平台代表把你的钱投入了烂尾工程。在这样的背景下，你还指望着它能给你按期支付固定的获利回报，不是太可笑了吗？

地下炒金炒原油坑你没商量

这几年了解并加入炒黄金队伍的人越来越多，“中国大妈”在全球都有一定知名度。但平心而论，她们中有相当一部分走的并不是合法投资渠道，所以危险重重。在我国，合法渠道主要有四条：一是购买实物黄金、投资性金条或金首饰等；二是参与黄金期货交易；三是参与上海黄金交易所的黄金T+D交易；四是参与银行的纸黄金交易。

可是，许多投资者参与的却是地下黄金交易。这些公司通常隐藏在高档写字楼里，声称代理中国香港、欧美国家的黄金正规交易，而实际上根本无法接外盘，主要是自己坐庄玩对赌游戏，这对参与者来说风险就大了。

简单地说，正规的黄金交易是通过买卖赚取点差和佣金收入，而地下黄金交易则通常是自己撮合客户交易，直接修改客户信息、控制开停盘，人为造成客户亏损；同时，最高会利用四五百倍的高杠杆来诱使客户爆仓。

同样的例子还有外汇交易。外汇交易有两种：一是个人实盘外汇买卖，二是外汇保证金交易。两者的区别在于，外汇保证金交易由于采用50～100倍的杠杆，所以投机性很强、风险极大。虽然我国部分外汇交易平台在国际上属于正规机构，可由于我国尚未全面放开外汇交易，所以外汇交易在我国实际上处于灰色地带，纠纷不断。

另外就是各种贵金属交易。我国大多数现货贵金属交易平台是自然人或企业设立的，主要通过出售会员牌照和交易手续费获利，缺乏具体交易数据，甚至连交易规则都没有。为了吸引参与者，他们往往会把交易手续费的80%～90%分给会员，这就注定了会员为追求盈利而合谋诈骗参与者，其主要方式是人为提高报价和盈利，使其无法平仓、无法成功出金。

与贵金属交易骗局相似的是原油投资，因为它也是采取会员制，而会员单位会为了获得更多投资而发展代理商。这些会员单位和代理商俗称“导师”，他们在摸清了参与者的资金量后，便会先让客户有小额盈利，然后诱使其追加投入，哪怕客户不断亏损也会诱使他加仓回本，直至全部亏光；有时甚至会直接通过连续的反向操作让你的投资变成零。

为什么他们会如此进退自如？因为你的行情软件就是他们提供的，你的所有操作都在“导师”视野之内。会员单位提供的行情走势真实无误，所以在做模拟盘时可以做到十分精准，而等到参与者直接下单时就会因为交易软件卡壳、时滞等因素造成无法交易了。

总想玩虚的就有点悬

投资、理财历来是个技术活儿，谁要是不肯好好“学技术”、总想玩虚的，总想偷懒找一条躺在那里闭着眼睛都能赚大钱的捷径，就要当心会不会步入庞氏骗局了。

在广州，一家名为广东云联惠网络科技有限公司的电子商务平台以“消费资本论”和“财富永动机”为依据，声称“你消费，我全返”“消费全返模式超越时代50年，永动世界500年”“公司很快就会在美国上市”，吸引了全国的数十万名会员。

“云联惠”承诺，注册会员在他们的联盟商家消费，即可获得每天万分之五左右、总额100%的持续返利。举例说，会员在加盟商那里消费1万元，加盟商向“云联惠”上缴佣金（他们称之为“消费共享资金”）16%计1600元，然后“云联惠”就开始按每天万分之五左右的比例向商家会员和注册会员分别返回这1600元和1万元，直至返回完毕。会员级别越高，享受的权限也越高，并可发展下线拿提成。①

简单想想就知道，“云联惠”明明得到的只有16%，却要返回116%，再加上其他给会员发展下线的提成和运营费用，至少也得有160%。除了虚假承诺和骗局，这又怎么可能做到呢？但偏偏就有那么多人相信，因为他们觉得这种方式“来钱快”，而全然忘记了风险——每天返回万分之五左右，那万分之四、万分之三、万分之一是不是也在这“左右”范围内呢？还有，按照这个速度，要2000天即5.5年（如果是每天万分之一那就是1万天即27.7年）才能完成，又有谁知道这5.5年或27.7年内会发生什么呢？一句话，反正是拿你的钱在玩，玩到哪里算哪里，你如果要当真就输了。

这不由得使人想起一位商界大佬曾经说过的话：世界上最成功的商业模式不是肯德基和沃尔玛，而是宗教。宗教只要输出价值观和管理模式，就可以在全球各地开分店，并且还不用做广告；哪怕经济再萧条，也没听

---

① 罗坪、谢煜楠：《广东一公司自称“财富永动机”被举报，成员冒充学者》，载《羊城晚报》，2016年9月21日。

说有哪家寺庙办不下去的。更不用说，你给它进贡的是实实在在的财布施，而它给你的只是精神安慰。你向它许愿，如愿了你会把功劳归结于它，还愿时需要再次去财布施；未能如愿你也只能怪自己缘分未到，而之前进贡的财布施则不可能再去讨回来。

拓展阅读

购物100%返利你信吗

东北的一位退休军人廖某，在老战友聚会上偶然听说当地有一个名叫“心未来”的项目，顾客到那里购买商品后不久，便可获得100%的货款报销，不禁有些心动。

按照规则，顾客只能去就近的“心未来需求馆”选购商品。这些商品多是一般日用品，家家户户都用得着，但价格要比外面贵5～10倍，品牌也多是外面看不到的。顾客购买时没有购物发票，但会产生一个交易记录（相当于收据）。间隔一定时间后（通常是15天），你就可以在他们的官网（境外域名）上申请100%报销，款项直接以人民币汇到顾客的银行卡上。

除此以外，顾客还可以参加他们的一项名叫“心劳动”的活动，通过发送励志短语等“正能量行为”获取积分（每天只限一次）；当积分累积到一定数量时，便可以兑换成“翼币”当人民币使用。也就是说，你只要多多参加“劳动”，便可以得到更多实惠。

不用说，这样的“劳动”对无所事事的退休人员来说正好可以打发时间了；更不用说，购买任何日用品都相当于不用自己掏钱，所以顾客盈门。唯一遗憾的是，这种积分奖励数量太少，并且又有参与次数限制；所以“心未来”早就为你考虑好了：如果你想获得更多“翼币”，可以直接拉人头，拉人越多奖励越多，并且还能提升会员级别、买到贵重物品。

看到这里，读者大概就心知肚明了，实际上这就是庞氏骗局。

这一连串的动作可以这样来打比方："心未来"随便组织一批廉价货物放在这里来销售，算上房租、人工等所有费用后，假设总成本是1万元，然后以10万元的标价卖出，同时约定顾客在15天后可申请100%退款。

这实际上就相当于："心未来"向顾客借款10万元，期限15天，利息是10%（即当场给顾客带走的1万元商品），实际到手9万元。根据约定，"心未来"需要在15天内将这9万元变成10万元才能保本，借款利息相当于每月（10÷9－1）÷（15÷30）＝22.22%。而从顾客角度看，则相当于他借出10万元，15天的利息是1万元，并且是先拿利息的。

现在的问题是，从事什么样的经营才能确保每月至少产生22.22%的稳定且安全的收益呢？几乎不可能；唯一的可能是拆东墙补西墙，即用后来者顾客的购物款去弥补之前对顾客的承诺。一旦后来者顾客的到款规模不足以偿还旧的借款，就是骗局崩盘之日。

如果一定要说它与其他庞氏骗局有什么不同之处，那主要在于它不是直接许诺以高收益回报来请君入瓮，而是利用免费购物"不要白不要、要了也白要"的人性弱点，把"借款"包装成"购物"、把"利息"包装成"日用品"、把"返利"包装成"100%报销"，迷惑性更大。①

---

① 《月息22%！一个席卷中国北方的庞氏骗局》，搜狐网，2016年5月21日。

庞氏骗局无处不在，无时不有

俗话说："太阳底下无新鲜事。"从古到今，庞氏骗局可谓无处不在、无时不有，只不过其规模大小、花色品种不同，并且也在"与时俱进"罢了。

完全可以肯定，探讨庞氏骗局及其识别、应对是一项长期而艰巨的任务。庞氏骗局不但过去经常发生，而且今后也一定会重复再现，令人应接不暇、防不胜防。

看不懂的房价暴涨

正常的房产价格上涨容易被人理解和接受，也符合社会发展规律。可是，如果房价上涨速度过快甚至达到一两年就翻一番的地步，就绝对不正常了。这种疯狂势头为什么难以遏制？主要原因就在于其中隐藏着庞氏骗局因子。众所周知，庞氏骗局就像一颗毒瘤，是很难根除的。

具体地说，土地拍卖和市场投机会助推房产价格虚涨。一些"地王"的楼面价就超出同一地段商品房出售价格，可想而知，当这一地块以后推出新楼盘时单价会达到怎样的地步。这种情况在国内外都曾经出现过。

以日本为例，20 世纪 80 年代日本 6 大城市的地价指数在 10 年内上涨 5 倍，地价市值高达 4000 万亿日元，总值相当于美国地价的 4 倍、单价相当于美国地价的100倍。1991年泡沫开始破灭，20多年过去后经济依然没有彻底恢复。目前我国也正在出现这一局面，瑞士信贷第一波士顿董事、总经理陶冬介绍说："在1990年，日本房地产总值相当于本国GDP（国内生产总值）的200%；在2006年，美国房地产总值相当于本国GDP的170%；今天中国的房地产总值相当于本国GDP的250%。今天北京、上海、深圳三个城市的房地产总值，已经相当于美国整个国家房地产总值的七成。"这一局面的形成，"错不在买房人的疯狂，而在流动性制造者的疯狂。"①

具体地说，房价暴涨骗局的链条是：

首先，是从众心理形成的购房理念，出现了"有条件要买、没有条件借钱也要买"的一致行动，推动住房需求和价格节节攀升，住房角色从"生活必需品"（居住）变成"投资品"（越来越多的房产不是买来供自己住的，而是空在那里为了将来卖出。谋求差价，或者以租养贷）。

其次，开发商、政府土地拍卖从这种需求和价格攀升中大喜过望，从而通过一系列"火上浇油"措施进一步推高房产价格。

接下来，越来越多的参与者看到房价真的在一路上涨，于是得出"房价只会涨不会跌""炒房来钱最快"的结论，开始动用各种金融杠杆如向亲朋好友借款、住房抵押贷款，甚至连首付款也靠贷款，来追高买入、越涨越买。而这时候往往实体经济并不景气，一方面，政府需要印发货币以投资拉动经济发展；另一方面，搞实业不如搞投机，所以社会游资和热钱全都往房地产市场涌。这就是各地"地王"频出、"地王效应"所带来的结果。不用说，这时候的楼市已经开始走上不归路。

最后，直到有一天，也必定会有那么一天，买房资金难以为继，房产

① 陶冬：《经济学家认错，说出房价飙涨惊人真相》，搜狐网，2016年10月3日。

投资租不出去或租金还不够还贷款，这时候房产价格便会应声而落；结果必然会由房价下跌导致一连串资产价值减值，毁约现象严重，空关房、烂尾楼随处可见，银行贷款无法收回，整个金融体系出现危机。

用庞氏骗局理论来解释就是：当越来越多的参与者买房的唯一目的是今后以更高价格卖给后来者，可是突然发现后来者面对居高不下的房价再也买不起或不愿意买时，这庞氏骗局就到了该崩盘的地步了。

理财产品的潜在风险

商业银行的获利方式，主要是从储户那里以较低的存款利息取得资金，然后再以较高的贷款利息借给需要资金的企业和个人，从中赚取利息差价。除此以外，银行放出去的贷款中还有大量的信用贷款（也就是说，银行放出去的贷款数额要远远超过它的存款额度）。

这样一来，就势必会造成一种风险，这就是由于政治经济环境变化甚至仅仅是因为某种谣言引发储户挤兑时，无法及时、足额收回贷款，从而发生崩塌危险，因为这样的金融体系缺乏物质根基。从这一点上看，所有银行几乎都在反复强调自己的“信用”，实际上这种信用相当脆弱。

再进一步看，现代经济中信用经济规模加速扩张、信用结构日益复杂，各种新衍生出来的金融产品与实体经济越来越远，从而使得虚拟经济成为现代经济中一个重要组成部分。在这其中，有经济泡沫是必然的，而且这种泡沫成分会越来越大。所以能看到，各种金融衍生产品无论是有形的还是无形的，都在被当作庞氏骗局的标的物。而不用说，无论是什么样的标的物，只要后续资金来源速度和规模跟不上，就会出现前面的承诺无法兑现，从而导致庞氏骗局破灭。

银行是不是属于庞氏骗局历来有争议，约有一半人认为是，另一半则认为不是。也有人介于两者之间，认为银行是“政府批准”的庞氏骗局。但如果范围扩大到那些都能进行“储蓄转投资”业务的影子银行（即那些不属于正规银行，但又借助于银行把贷款证券化的金融机构如委托贷款、小额贷款、担保贷款、信托贷款、金融租赁、信托公司等，不含地下钱庄和民间借贷），答案就一清二楚了。

以名目繁多的理财产品为例，你根本就搞不清它是怎么运作的；你能看到的，只是一期又一期令人眼花缭乱的理财产品在推出，并且总有一款“适合”你。当你怀疑这些理财产品是否存在投资风险时，听到的一律是拍着胸脯说“过去从来没出现过兑付不出来的情况”。

而其实，选择面广并不一定是好事，很可能是“短线长投”和“滚动发售”造成的虚假繁荣，而这正是理财产品资金池盈利的秘诀；“拍胸脯”也并非说明真的有信用，至多只能表明过去尚未出现过资金链断裂的严重后果。但以前没有发生，并不表明以后就不会发生。银行当然非常清楚这一点，所以在出售理财产品时合同上一定不会出现“保本”或“保证收益”字样；同时还会要求你抄写如下一段话：“本人已经阅读上述风险提示，充分了解并清楚知晓本产品的风险，愿意承担相关风险。”

上面所提到的资金池的资金投向，大致分为三类：一是债券市场类；二是票据资产类；三是委托贷款类。在债券市场类资金池中，理财产品往往会把国债、企业债、城投债等打包成一个产品池，然后对应向市场募集一笔体量大致相当的资金来购买这些债券。但无论属于哪类产品，你购买了理财产品就是投资者，而且是最底层的债权人。一旦出现资金链断裂，造成损失的对象中必定会有你。而至于会不会出现这种情况，全都掩盖在“短钱长投”和“滚动发售”之下。

举例说，如果某银行有一笔1年期贷款利率为10%的融资项目，对银行来说这就是“长投”。这时候的银行会把它分成体量相当、期限为3个月左右的理财产品出售，这样一共可以滚动发行 4 期，这对购买者来说就是“短线”，收益率一般在 4% 左右。这样，对于银行来说，一方面，可以从中赚取 6% 左右的息差收入，并且可以通过滚动发售来摊低筹资成本和风险；另一方面，对于购买者来说则会有更多选择，也便于充分利用你的闲钱，至于收益率高低完全取决于银行当时对资金的风险和渴求程度。

正因如此，中国银行董事长肖钢才会说：“（影子银行）从某种程度上说，这根本就是一个庞氏骗局。在一定的条件下，投资者一旦失去信心并减少他们的购买或退出理财产品，这样的击鼓传花便会停止。”①

资金推动型股市上涨

单纯依靠资金涌入推高的股市同样有庞氏骗局之嫌。

股票市场是已发行股票进行交易的场所，包括交易所市场和场外交易市场两大类。股票是股份有限公司发行的所有权凭证，是股东借以取得股息和红利的有价证券，可以买卖转让但不能要求公司返回出资。

按理说，参与者从股市中得到的获利，应该来自这些上市企业实体经营的成功，从其盈利总额中分享到的部分经营成果。如果参与者的获利不是来自这种分享，或者目的根本就不在分享这种经营成果，而是单纯依靠资金进出导致股价上下剧烈波动，从中赚取差价，这样的股市被称作“投机市”“消息市”，实际上就沦为了庞氏骗局。

更有甚者，许多上市公司根本没有盈利，即使有盈利也拒不分红，参与者要想从股市中获利就必须依靠低吸高抛，而这就必然会希望后面有“傻子”以更高的价格买走你手中的股票，别无他途；而至于你后面究竟

① 《人人都会遭遇“庞氏骗局”》，和讯网，2012 年 12 月 19 日。

有没有这样的“傻子”或者其数量有多少，包括你自己在内没人知道。所以，这就使得你必须想方设法打听“主力”在哪儿。因为只有操纵资金进出的“主力”知道什么时候要拉抬股价、什么时候要打压股价，而其所能动用的唯一工具便是资金在短时间内的大量进出，所发布的各种消息也都是为配合资金进出服务的。从某种角度看，这种庞氏骗局的危害性更大，因为它要你圆就圆、要你方就方，你绝无胜算可能。

例如，1998 年 7 月美国纳斯达克股指为 2028 点低位，而到 2000 年 4 月时剧烈上涨到 5022 点的高位，然后在 2002 年 6 月又下跌到 1300 多点。纵观这一过程，实际上就是躲藏在 IT（互联网技术）概念下的庞氏骗局。当进入股市的后续资金一旦跟不上（所谓主力资金撤退），股市就要必然下跌。

我国股市中也不乏其例。一些垃圾股票分文不值，可依然拥有“臭豆腐效应”，大量资金进入该股就凭一个似是而非甚至无中生有的“概念”在狂炒，目的就是要吸引更多后来者加入，从而抬高股价，让自己捞一票就走；而那些后来者的加入也都是抱着这样的心态，希望由别人抬轿，在自己获利后最好股市能崩盘，从而开始下一轮炒作。

拓展阅读

500 幅书画值 500 亿元吗

俗话说，“艺无价”。也就是说，艺术只有欣赏价值，不会产生实质性经济价值。当然，作为艺术载体的艺术品还是有价的，否则无法达成交易。但艺术品的价格是通过市场来实现的，绝不是几个人关起门来“鉴定”一番就能下结论。得不到市场认可的价格是不切实际的，虽然艺术品的价格同样需要后来者以更高的价格交易来证明。

新疆首富孙某某收藏有500幅近代名家书画，其中200幅准备分三批注入新疆广汇集团所属的广汇艺术馆，一家今后将作为该书画收藏基金化运作的平台。“粗略估计，200幅书画价值200亿元。”他的第一批70幅书画评估成35亿元注入广汇集团，发行了总价45亿元的4次中短期债券短期融资。据说，所有500幅书画共可评估成500亿元金融资产。

举个通俗的例子就是：兄弟俩在村里玩游戏，哥哥说你输了500亿元，于是弟弟到他家自留地里去捡了500块石头抵押给了哥哥。如果就到此为止，兄弟俩未免童心未泯，很有趣。可是没想到，哥哥真的去请盲人评估事务所的一帮盲人来评估这些石头的价值。他们听了哥哥敲打石头的声音，就一致评定这些都是传说中的玉石，并推出一纸鉴定，说这500块石头就值500亿元金融资产，最终注入了哥哥的上市公司。

接下来这兄弟俩就大发了：哥哥的上市公司平白无故地就增加了500亿元“优质”资产，股价一路上扬；弟弟家的这块自留地自然也是价值连城，因为除了已经挖出的这500亿元石头，还有许多石头埋在那里。不用说，村上其他农民的石头比他家更多。这样，许多乱象就出现了：随便从地上搬起一块石头，就可以去邻村买到几百辆进口轿车、几十套商品房，买下邻村里那些没有石头的一切。

专家指出，其实，我国艺术品市场上的庞氏骗局特征具有某种普遍性：书画投资者A需要欺骗新的投资者B用更高的价格买下该书画才能获利，而B也需要欺骗之后的投资者C用更高的价格买走书画才能获利。这样一个个骗下去，就形成了所谓的“艺术品市场”；一旦没有新的投资者接盘，骗局就要破灭。更可笑的是，有时候只有A和B两个炒家自己买来买去甚至一个人自买自卖来确定该书画价格。说句不好听的话，这就像法律由罪犯自己来制定一样荒谬。如果这种情况下制定的价格能够评估成金融资产注入集团，不但严重违背基本常识，而且还会涉嫌巨额欺诈。

2011年4月天津文化艺术品交易所就出现过这样一例：一位并不知名的省市级画家的一幅实际价值只有十几万元的书画作品，被高估50倍、按600万元的估值上市交易，十几个交易日后被炒高20倍至1.12亿元，一个月内暴涨近1000倍，这在全球都是闻所未闻的。如果这样的金融泡沫进入实体经济，必将严重威胁金融体系。推而广之，如果泡沫再大一点，联合炒高几个画家，理论上可以买下整个地球。

可是要知道，艺术品价格在国际市场上其实是有“谱”的。2009年英国《泰晤士报》在全球进行过一次140万份有效问卷的调查，由此列出了一份“20世纪200位最伟大艺术家”的名单，依据其对人类艺术进程做出的重大贡献，分为5个级别，即世界级、国际级、国家级、省市级、地区级。世界级艺术家有巴勃罗·毕加索、文森特·梵·高等，一般作品在几百万美元，重点作品几千万美元；国际级有达明安·赫斯特、凯斯·哈林等，一般作品几十万美元，重点作品几百万美元；国家级艺术家有村上隆、草间弥生等，一般作品几万美元，重点作品几十万美元。

遗憾的是，这份名单中我国无一人入选。换句话说就是，我国在20世纪并没能出现全球范围内被广泛认可的世界级和国际级艺术家，充其量排名也在全球200位以后、国家级以下。业内推断，我国国家级艺术家的作品价格一般均在几千美元、重点作品几万美元，超过10万美元就有庞氏骗局嫌疑，意思是为吸引后来者以更高价格买下而设置的圈套。

从这个角度来评估，孙某某收藏的这500幅书画中虽然有刘昌硕、齐白石、黄宾虹、徐悲鸿、潘天寿、傅抱石、张大千等国家级和省市级艺术家的作品，总价值也不会超过1亿元，绝不值500亿元人民币。①

① 江因风：《新疆首富500亿书画骗局：实际价值就几千万》，台海网，2014年4月11日。

第二章

庞氏骗局的四大特点

坑、蒙、拐、骗。庞氏骗局用高额回报做诱饵，通过标榜无极限单向几何级增长、编织不切实际的美好预期、鼓吹无物质基础的信念支撑、阶段性调整信念标的物，一步步地请君入瓮。

标榜无极限单向几何级增长

庞氏骗局要想阴谋得逞、骗得长久，必定会极力鼓吹无极限单向增长。

众所周知，无论社会发展还是经济运动，都会呈现出一种高低起伏的波浪式轨迹，即所谓“前途是光明的，道路是曲折的”，而绝不可能是勇往直前的直线运动。而庞氏骗局为了达到目的，就会极力标榜自己是一种无极限的单向增长，因为只有这样才会“彻底杜绝”价格下跌的风险；并且在他们嘴里，其增长速度往往是几何级的（通俗地说就是成倍增长），就像火箭发射那样看不到头。

这种说法虽然“鼓舞人心”，但明眼人一看就知道其实这是不可能的。遗憾的是，这些参与者已被洗脑，或者抱着侥幸心理，或者贪得无厌，所以便会出现“只因身在此山中”的愚钝和麻木。

回报率高得离谱

无极限的几何单向增长，首先体现在它的回报率之高上。一方面，只有高回报率才能吸引这些心存幻想的人；另一方面，也只有高得离谱的回报率，才能使得自己在与同行竞争中“一览众山小”。为此，庞氏骗局鼓吹投资项目回报率高得离谱几乎是“必需”的，无所不用其极，甚至天花乱坠到违反基本常识。

比如，稍有头脑的人就知道，任何项目的投资回报都只能是企业或项目盈利的一部分，并且回报率一定会小于或等于纯利润率。可是，庞氏骗局却会通过故意夸大投资回报率，来达到“重赏之下必有勇夫”的目的。在他们手里，虽然不同项目许诺的回报率有高有低，但必然有一个共同点，那就是回报率之高乍一听会让人怎么也不敢相信。不是一开口就跟你谈“3 分的利”就是“4 分的利”，“2 分的利”都很少从他们嘴里听得到，因为他们懒得说，害怕“这么低”的回报率说出来显得自己没本事。而他们面对着基本上没什么金融常识，也没什么经济头脑，眼里就一项“高利”的人来说，实在是说什么都行。

例如，庞齐当年就是这样许诺的：任何一位参与者都可以在 45 天内获得 50% 的回报，这就绝对高得离谱了。在一般人的概念中，除了走私军火、毒品、赌博，恐怕再也想不出会有哪个项目能获得如此之高的盈利了。但即使这样，依然会有人铤而走险赌一把，唯一的目的就是获得这高得诱人的回报率。

回过头来看我国。2015 年河南省南阳市至少有 3 家集资平台崩盘，涉案资金超过 10 亿元。据权威部门透露，河南省的非法集资案金额至此已连续 3 年名列全国第一。2015 年春节前夕，该市多个主干道上挂满的不是喜迎新春的大红灯笼，而是写满“非法集资、还我血汗钱”的白色条幅。当地以万裕集团、大新实业、易林商贸为代表的多家平台崩盘，有人估计全市“有一半人”参与了各项骗局。几个月前还有几千个家庭、上万名参与者做着自己的发财梦，这时候已经有多人自杀身亡。为什么会有这么多人上当受骗呢？其实原因很简单，就是这些平台对外承诺的回报率高，普遍承诺是“银行存款利率的10倍”。

2014年冬，宋某看到这样的高利率后投了70万元现金。他算过一笔账，如果这些钱存在银行里每月只能拿1000元利息，可是交给这些企业，按月息2分（2%）的承诺，每月可拿14000元，这可是前者的14倍啊。所以当他顺利拿到前期的利息后，又从亲朋好友那里借了100万元追加进去、想赚个利息差。他事后总结说，自己之所以造成损失，贪心是主要原因；但除此以外，也与“信得过的亲友”的介绍有很大关系，这种骗局坑害的都是自己的亲朋好友。

而实际上，月息2分的利率在当地并不是最高的，多家平台后来给参与者开出的条件是月息4分。换句话说，5亿元的规模每月利息支出就要2000万元，年复合利息支出56.7%。到了这地步，不成骗局也难。①

宣称无风险或不提风险

按理说，越是回报率高的项目其投资风险越大，因为风险和回报成正比是一条普遍规律。有些项目之所以回报率高，其中就包含部分风险收入在内。可是，庞氏骗局偏要一反这种正常心理，其一大特征便是反其道而行之：不是标榜没有风险，就是从来不提风险。

例如，美国历史上最大的诈骗案制造者、全球最大的股票市场之一纳斯达克前主席伯纳德·麦道夫，他向投资者作出的投资回报承诺看起来似乎并不高，年收益率只有10%；可是不要忘了，他的重点在于强调“投资必赚，绝无亏损”。也就是说，他在这里打出的旗号是“没有风险”，以此

① 张永生：《南阳崩塌楼市背后的财富逻辑》，载《新京报》，2015年3月17日。

来吸引参与者跟风。

众所周知，任何鼓吹百分之百没有风险的投资都是骗人的；因为投资与生俱来就有风险，只是风险的大小、喜好、表现形式不同罢了。哪怕你把钱存在国有银行里，也同样有风险；又怎么可能你现在把钱交给陌生人（通过网络或平台投资的，经过中介这么一转，哪怕你的钱真的到了实体经济那里，你和他们也不是一对一关系，这时候就更难判定风险大小了），反而没有风险了呢？

例如，在湖南省中部地级市娄底，2014 年民间借贷资金规模在 400 亿元左右，其中约有 148 亿元资金出问题，涉及 73 家企业。在这其中，虽然 90% 是实体企业，可是由于根本兑现不了原先承诺的高回报，所以只能玩借新债还旧债的把戏，一旦遭遇挤兑风潮，便只好关门大吉。最严重的是 2015 年春节前夕，几乎每天都有债主用跳楼、喝农药等极端方式来讨债。

在当地龙头企业九龙集团，100 多平方米的大厅里人声鼎沸，虽然有 6 个窗口可以交钱，但队伍依然排到走廊外面，就像除夕日的菜市场一样热闹，因为这里给出的月息是 1.8%。事实上，当地左邻右舍碰面都不再问“吃了吗”，而是改为讨论钱投到哪家企业利息高，全然忘了还有“风险”两字。有的企业月息高达 4%，如果员工拉人来还可以拿到 1% 的奖励。

据娄底市金融工作办公室主任左志锋介绍：“借新债还旧债，利息越借越高，当企业利润支撑不起高额利息时，必然会出现资金链断裂。但民营企业家缺少风险意识，借贷收不住手。”据他估计，这些企业的集资款中只有 30% 用于生产，其余 70% 全都用在支付高额利息上。①

① 萧辉：《娄底一老板自杀引爆百亿借贷挤兑潮》，载《新京报》，2015 年 3 月 17 日。

从不拒绝新增资金加入

为了配合所标榜的无极限单向几何级增长，庞氏骗局从来不会拒绝新增资金的加入，而是认为“多多益善”，这是它的明显特点之一。

按理说，任何正常的企业或项目投资都会有一个适度的规模区间，预先会有恰当的财务预算和规划，资金太多或太少都不行。资金太多会造成闲置浪费，太少又会转不起来。

可是庞氏骗局却不是这样，因为它本来就是贪得无厌的“非正常投资”。新增资金加入规模越大，平台蛋糕越大，它所获取的利益也就越可观、后续资金断裂的风险越小、骗局持续的时间便可大大延长。

既然这样，他们又怎么可能会拒绝新增资金的加入呢？这本来就是它所求之不得的呀！

例如，某平台给出的年息是30%，此外还有业务员的佣金和各种成本约15%。这样，你投入100万元后，它实际上到手的只有65万元。而这65万元要在一年内重新变回100万元才能保本，这时候的净利润率至少要有53.85%。在目前这样的宏观经济环境下，有什么经营项目能达到如此之高的回报率呢？几乎没有。关于这一点，平台比你更清楚。

所以，他们心里都知道这是一条不归路，一旦上了这条道就根本停不下来，必须用后来者的钱来应付之前对参与者的承诺，又怎么可能拒绝新增资金的加入呢？至于有些平台规定每个人只能买多少股，看上去好像奇货可居的样子；而实际上，其真正目的在于搞饥饿营销、吸引更多的资金加入。一旦后续资金跟不上便只好开溜，别无选择。

拓展阅读

他这样接到最后一棒

庞氏骗局宣称单向无极限投资回报，会极大地诱惑参与者，让他们存有侥幸心理：自己只要不接到击鼓传花的最后一棒即可。但实际上这是不可能的，因为谁都不知道鼓点会在什么时候突然停下。

2016 年春节过后，一位平时关系要好的同事经常在李某耳边提到“MMM 金融互助平台”。李某在股市搏击多年，他一听就知道这是拆东墙补西墙的骗局，因为单靠个人之间把钱转来转去绝不可能产生收益。

同事见多次劝说尚不动心，于是拿出自己一个多月来净赚 10 多万元的流水账单给他看。这一招果然厉害。股市中频频亏损的李某，终于被这每天高达 1% 的回报率所诱惑；唯一祈祷的，只是自己不要成为这击鼓传花游戏的最后一棒。

3 月 2 日，李某小试牛刀似的投入 2 万元，这位同事又赞助给他 2 万元。12 天过去后，平台提醒他“匹配成功”，意思是说他的“付钱申请”要付诸实施、轮到他要付钱出去了。因为他本来就抱着一种“试试看”“没了就没了”的心态，所以爽快地把这些钱按照各自账号给陌生人汇了出去。

因为已经过去了 12 天，而平台规定 15 天为一周期，所以 3 天后他就在平台上点击“得到帮助”按钮，顺利地从其他“提出帮助”的陌生人手里拿到原来投入的 4 万元本金和 6000 元收益；而那位同事则作为他的“领导”，从中拿到了 15% 的“奖励”。

旗开得胜，“3 天就赚到 6000 元”，李某因此受到极大的鼓舞。虽说每笔“提出帮助”（投资）的上限是6万元，可是并没有规定一个人只能投多少笔，也就是说实际上是无限制的。

3月14日，李某加码在该平台上“提出帮助”，拿出6万元“帮助”别人。7天过去后，这笔款项如愿以偿地与其他几位希望“得到帮助”的账号“匹配成功”；于是他按照规定，把这6万元转入这几个陌生账号。按照平台规定，半个月过去后他就也有资格获得别人的“帮助”了。果然，期限一到，他就收到了这6万元本金连同利息。

如此操作，他在半个月内成功运作了两次。可是，当他3月29日在平台上再次“提现”时，早上8时就点击“得到帮助”选项，可迟迟无法“匹配成功”，于是他不断刷新页面，终于在上午11时获得成功。

按理说，接下来他就可以从那几个“匹配成功”的会员账号中收到转账了，可是这一次48小时过去后依然没有任何动静。他不得不怀疑是平台出了问题。他马上进入过去经常参与的几个微信群、QQ群，发现大部分人都是与他同样的遭遇，要么是已经“匹配成功”的单子联系不上，要么就是对方直接在电话里承认自己是骗子。

2016年4月18日，李某与其他40多名受害者一起到广州市公安局报案，他们合计在该平台被冻结的金额高达1007万元，其中最多一人被冻结200多万元。李某3月14日、21日分别投了6万元，合计被冻结12万元。要命的是，由于这些钱投入后马上就被平台换成了“马夫罗币”，实际上真币究竟去哪儿了谁也说不清，只剩下这一堆无用的数字符号（他们称之为“旧马”）。

李某总结说，自己作为老股民对参与此事的风险是了解的，但最终还是蹚了这蹚浑水，“原因就是一个字：贪”。①

① 李双：《别再被这个金融互助平台忽悠了，广州已有40多人被冻结上千万》，载《南方都市报》，2016年4月27日。

编织不切实际的美好预期

庞氏骗局为了增强诱惑性，不但会画饼充饥，而且一定会偏离现实、天花乱坠地画饼，把根本不存在的“饼”，“画”得让你心动不已，让你欲罢不能。否则，在他们看来这方案就是不成功的。

反周期性

企业运行和投资运作具有周期性，与宏观经济密切相关。可是庞氏骗局往往会一反这种经济周期，似乎他们的投资项目永远不会受投资周期影响，没有“幼儿期”“青春期”“更年期”和“衰退期”，似乎真的可以“永葆青春”。如果他们描绘一个运动员如何刻苦训练，在他们的嘴里甚至连正常的生理周期都可以一概没有。无论宏观经济环境是好是坏，他们的投资项目都能“稳赚不赔”，而且只会“越来越好”。

他们一般都有自己的“故事”和“题材”，不是在新疆或内蒙古乃至国外一个你从来没有听说过地名的地方有一个什么矿，就是在贵州、湖南某个小城城郊结合部有块地搞了个有机农业，还允诺什么时候一起带你去参观旅游，不由得你不信这是一份真正的事业。仿佛只要你把钱交给他，他就一定能增值多少倍后加倍奉还给你，而且毫无风险。就好比蔬菜种在大棚里，无论外面刮风下雨都不会受到半点影响。

这些故事和题材一般都是假的，如果有那么一点点真，也会遇到真正撑不住时开始半真半假，然后彻底沦为蒙人。

这方面最典型的有“万亩大造林计划”，似乎根本不受气候、环境、地理因素影响；伯纳德·麦道夫在美国华尔街上的对冲基金也能在历经多次金融危机后独善其身，这同样也是很反常的。

极力渲染投资神秘性

投资技巧和方法各有不同，但投资本该没有神秘性；尤其是对于投资该项目的参与者来说，他们是股东，理应了解这些钱用在了什么地方、是怎么用的，了解该项目的任何投资行为、方向和策略。

可是，庞氏骗局却会极力渲染该项目的神秘性，不但不会公之于众，而且也不会告诉这些参与者（股东）；甚至会对他们宣称：“你们不用关心这些钱用到了哪里，只要关心自己该得的那份投资回报就行。”

这就好比是你把钱投给一个陌生人（庞氏骗局平台对所有参与者来说几乎都是陌生人，不会是你的妻子、孩子甚至熟人），而陌生人拒绝你打听他把你的钱用在了何处，是一样的道理。略有头脑的人都知道，如果你把钱借给或投给别人是用于赌博、吸毒等违法行为的，你的这种投入就不受法律保护。可是当他们面对庞氏骗局时，却往往会忘记这一点。

河北省隆尧县三地农民专业合作社非法集资 80 多亿元、历时 7 年多才倒塌，从最初的 37 家农户到最后发展到全省 13.5 万多家农户，就与从 2011 年开始吹嘘找到了自己的拳头产品富硒小麦有关。

当时河北省地质调查院在全省发现了 3468 平方公里的富硒土壤，而硒无论对人体还是农作物都是一种必需的微量元素。于是，他们从中找到了由头，到处宣扬合作社培养出了有机农产品富硒小麦，这种“抗癌之王”

附加值非常高，在北京市场上能卖到每千克20元钱，这样一来也就拓展了参与者的想象空间。

而实际上，隆尧县周围地区的小麦确实含硒量挺高，但加工后的面粉全都是按市场价走，每千克4元左右，不存在这种神秘的独家秘诀。更不用说，这家合作社并没有实体项目，只是用后来者的本金去偿还此前参与者的利息，时间越长资金漏洞越大，最终必然导致崩盘。[①]

号称项目独一无二

庞氏骗局在配合极力渲染投资神秘性的同时，还会反复强调自己的独一无二、不可复制性。一方面，这会让人觉得它的这个项目（发明）具有“专家”或“天才”形象；另一方面，又要防止其他同行“抢生意”。更重要的是，只有强调独一无二性，才能避免外界拿该项目的操作方式、投资回报率与其他项目相比所提出的各种质疑。

读者也许还记得，庞氏骗局中当年《波士顿环球时报》记者揭露庞齐的骗局时，庞齐就是以自己这种模式的“独一无二”性、别人“不懂金融投资”为由来加以驳斥的。

前面提到的河南省南阳市大面积非法集资崩盘事件，也与当时独一无二的“2012年第七届全国农民运动会在南阳举办、上百家房地产企业齐聚南阳共话开发”有关。天真的人会想当然地以为：既然房地产能够赚大钱，那么只要是房地产企业出面集资就不会有风险，至少风险也不大。

在当时的情况下，开发商只要能拿到地，房子还没开始盖，什么手续都不具备，就可以卖房子收钱了。大家都这样做，所以在外面就形成了一

① 张庆宁：《80亿！农合社庞氏骗局》，载《经济观察报》，2015年2月7日。

种房地产暴利神话。

万裕集团的当家人赵某退休前在某区建设局担任正科级干部，2007 年退休后成立了一家房地产公司。本来打算“小来来”的，所以从朋友那里吸收参股，每股 300 万元，在县里拿到一块地，结果投了 900 万元，最终赚到 1000 万元。由于项目越铺越多、盈利丰厚，所以胆敢向民间高息借钱了，这样也就形成了“钱越借越多—项目越开越多—融资规模越来越大”这样一种恶性循环。一旦形势发生变化、销售低迷，多米诺骨牌就会被推倒在地。原来“独一无二”的所谓优势项目，也就变成“独木难支”了。①

搞企业的人知道，如果你这家企业的产品是专门为某大企业做配套的，一方面你可以吹嘘销售渠道稳定，另一方面这也意味着你的市场风险极大。因为一旦该企业不要你的货，到时候恐怕你就只能关门大吉。但遗憾的是，许多参与者不一定懂得这个基本原理，更何况在利欲熏心下看不到这些显而易见的风险。这就像炒股票一样，股市疯狂时也就意味着它可能已经到了暴跌的前夜。

拓展阅读

MMM 金融平台的迷惑

庞氏骗局通常披着一件高大上的外衣。道理很简单，“佛靠金装、人靠衣装”嘛。没有一件漂亮的衣裳，又怎么能吸引得了人呢？

以金融互助平台为例，它们通常具有以下三大特征：一是背景过硬；二是回报丰厚；三是非法集资。前两者一眼就能看出来，其简单标志就是

---

① 张永生：《南阳崩塌楼市背后的财富逻辑》，载《新京报》，2015 年 3 月 17 日。

让人觉得心动甚至欲罢不能，后者一眼识别的难度稍大。

以从事非法集资的“MMM 金融互助平台”为例，这个后来被称为“全球最大的庞氏骗局”是俄罗斯人马夫罗季·谢尔盖在1994年2月注册10万卢布（当时约合1000美元）首创的。当年通过在各大媒体上刊登广告，宣称获利可达投资本金的5倍，一时在俄罗斯家喻户晓，最终有数百万俄罗斯人参与其中。1994年7月，俄罗斯政府公开发表声明对它许诺的400%的年回报率持怀疑态度，于是参与者信心发生动摇，骗局马上被揭穿。而直到这时候，已经被他骗走了上百亿美元，光特勤部队从他的办公室里搜走的现金就装了17卡车。

2003年1月，用假身份证隐藏在莫斯科的马夫罗季被逮捕归案，随后被判处4年零5个月的监禁。2007年5月，他出狱后重操旧业，2011年宣布推出新的“金字塔方案”，直言不讳这就是“金字塔骗局”，手段与之前一模一样，承诺的年回报率为360%；而当该平台即将倒闭时，他马上另起炉灶又开了一家新的平台，承诺年回报率480%。奇怪的是，即使如此，仍然有人愿意为了这虚无缥缈的高回报率赴汤蹈火，来自拉脱维亚、乌克兰、白俄罗斯、印度、南非、印度尼西亚等国的数百万人卷入其中。莫斯科一家广播电台所做的民意调查表明，约有1/4的受访者表示愿意尝试这种所谓“投资”，实在可以说是不可救药了。

2015年4月，这一游戏开始进入我国，因为中国人口基数太大，所以仅仅几个月内就又有200多万人步入圈套。它宣称自己是“普通人的社区，互相之间无私帮助”，让人觉得它好像不是为钱而来似的，显得“高大上”，所以颇具迷惑性。

按照它们的游戏规则，每个参与者需要在平台上投入一笔60～60000元的资金（称之为“提出帮助”），而先前进入可以结款的一方（称之为“得到帮助”），双方会自动匹配。“匹配成功”后，给钱的一方会主动汇款给对方账号，称之为“互助”。而这种“互助”必须在该平台上进行，操作时人民币会自动转换成平台规定的“马夫罗币”（实际上就是一段毫无用处的数字符号）。

说是“互助”，其实并不是“学雷锋”，而是有着丰厚的回报。它提出的口号是“一个月利息高达30%，邀请亲朋好友加入，还有更多高额回报”等。它们规定，给钱的一方“提出帮助”半个月后，就能得到“得到帮助”一方15%的收益，也就是说平均每天1%。如果是每周一次操作，半个月后还能得到3%的额外奖励。更邪乎的是，只要在该平台上成功介绍过别人（下线）来玩，就能成为“领导”，在下线“提出帮助”的金额中提取15%的“领导奖”。不用说，推荐的下线越多，这种“领导奖”就越丰厚。

仔细算算就知道，如果仅仅按照月收益率30%利滚利计算，一年后的本息总额便可高达本金的23.3倍；也就是说，你投入1万元，一年后会变成23.3万元。除此以外，还有更诱人的“拉人头”奖，每当你推荐一个人就可以获得10%的收益提成，以及他发展下线的“经营管理奖”——第一代5%、第二代3%、第三代1%、第四代0.25%……明目张胆地表明，只要后面源源不断有新人投资，之前的参与者就都可以有钱赚。

试想，每天至少1%的利息支出，我国什么行业或企业能够承受得了呢？可以说绝对没有。但即使如此，依然有太多的人“明知山有虎，偏向虎山行”，因为他们不肯或不敢相信自己会接到最后一棒。虽然越到“金字塔”的上面提成点数越少，但累计金额却会急剧膨胀，对这些利欲熏心的人具有无穷的吸引力。

2016年4月，广州有40多名受害者集体报警，被骗总金额达1007万元。①

---

① 李双：《别再被这个金融互助平台忽悠了，广州已有40多人被冻结上千万》，载《南方都市报》，2016年4月27日。

鼓吹无物质基础的信念支撑

庞氏骗局的实质是“骗”，其中主要是为了骗取财物。既然要骗取财物，就要想方设法减少财物支出，“开源”“节流”双管齐下，才能确保财源滚滚。而能够把这两者很好结合起来的最理想的工具是“信念”，并且是没有物质基础或不用财物付出的那种“信念”。因为“信念”有两大好处：一是不用付出实际财物；二是又能吸引更多后来者前仆后继地加入、乖乖地交出财物，把财富雪球越滚越大。

“信念”从哪里来？最普遍也是最简单的方式就是“洗脑”。

以小博大，虚晃一枪

庞氏骗局的一大特点是以小博大、虚晃一枪，根本无法持久兑现原来的高回报率承诺。正因如此，所以它才要在资金上拆东墙补西墙，也就是说，用后来者的资金去填塞对先前参与者的回报。

这里的以小博大，并不是通常商业行为中所说的那种贱买贵卖，赚取10%~20%的毛利，而是指用小得不能再小的标的物或标的去博取参与者的大额投入。例如，“心未来”用进价10倍的价格对外出售普通日用小商品，这就绝对不能算是一般超市那种商业行为了。所以，这里的“小”可以无限小，甚至仅仅是凭一种飘忽不定却带有某些时尚的概念，一分钱都不用花；“大”可以无穷大，能够通过网络在短时间内就集聚起上百亿元资金，然后对这些资金进行大范围甚至跨国界的腾挪。

这种资金腾挪的实质之一就是拆东墙补西墙，目的是要确保现金流的流入而不是流出，维持这一骗局的简单运转，表现出“实力强大”“说话算数”。只有前面的承诺都兑现了，才能吸引更多后来者加入。

拆东墙补西墙的动作有两大块：首先，也是最主要的是力图扩大紧跟者范围，拓宽资金吸收规模，这也是所有传销要求“拉人头”、不惜重金奖励“拉人头”的原因所在。就好比在浴缸里放水，当水龙头里流入浴缸的水流量比浴缸里流出去的水量大，才能看到浴缸里有水；相反，浴缸里就不会剩下水。其次，也不排除有其他渠道的融资安排。

总之，做局者要努力维持现有局面不被打破；否则，他就会到了玩不下去、需要准备逃之夭夭的地步。显而易见，这种资金腾挪具有相当大的难度，但唯有如此，才能留下足够空间、延长骗局时间。

人员结构上的金字塔特征

庞氏骗局的人员（参与者）结构必定会呈现出金字塔形状来，因为三角形结构的稳定性最好。庞氏骗局要想“把事业做大”，就必须利用这种人员组织上的金字塔结构，来一层层发挥“群众”的力量，通过一层层盘剥下线的财富（分赃），企图“重赏之下，必有勇夫”，来达到共同诈骗的目的。并且在这个金字塔中，只有塔基更大才会有更充裕的现金流入，以支持给上线的现金流出。

所以能看到，为了能兑现先前加入的参与者的高额回报，每家每户都会不遗余力地动员发展下线，不惜通过利诱、劝说、亲情、人脉等关系，甚至围攻、胁迫、限制人身自由等方式来“抓壮丁”。在他们眼里，不再有父子兄弟、亲戚朋友等伦理关系，因为他们早就“六亲不认”了，只要能成为他们的下线给钱就行。并且还恰恰相反，因为原先有这样一层关系所以更容易发展下线，在他们眼里，不断扩大塔基是最重要也是唯一的任务。因为他们很清楚，一旦塔基人数变少，这游戏就无法继续玩下去，这样的金字塔结构随时都会轰然垮塌，也就难以实现自己的“致富”梦想了。

在这其中，就时时刻刻要依靠所谓“信念”的支撑了。

基础不牢，地动山摇

俗话说：“基础不牢，地动山摇。”庞氏骗局的一大特征是缺乏物质基础，因为他们根本不是投资，或者只是把投资当幌子，或者投资比重只占很小一部分、主要是装装样子的。所以，哪怕是那些号称“基金”“平台”的玩意儿，也与银行运作有很大的区别。

前面已提到，商业银行的运作获利方式，简单地说就是用较低的存款利息成本从储户那里吸收资金，然后以较高的贷款利息收入贷给需要资金的企业和项目，从中赚取息差。当贷款数额超过存款金额时，这部分差额体现的是信用贷款。为了有效控制金融风险，各国中央银行都会严格限定信用贷款规模。

而庞氏骗局号称的“存款”“投资”因为不受中央银行监管，所以根本就不存在上述这种模式和运作，而它们自己也不可能会自觉、严格地参照商业银行的模式来运行。最常见的是，他们坐收坐支现金，大量借用私人账户转移资金，大量资金甚至所有资金都在实体经济体外循环，连个账簿、收条都没有；他们骗你都来不及，哪里还有什么闲工夫去实行“严格管理”“严控风险”呢？

与此相类似，某些信托机构和理财产品也是采取的这种模式，因而它们同样被当作庞氏骗局，被认为是我国今后发生次贷危机的导火索。

这种“资金池运作型理财产品”的关键在于其资金池，通过把银行或信托公司募集到的客户理财资金，汇集起来形成一个很大的资金池子，然后统一运作、统一管理。这新进的资金就是汇入的增量水，到期支付或赎回的资金便是流出的水。在这其中，要确保池子里始终有水，就要使得池子里的水循环流动，而其秘诀就在于“期限错配、循环发行、汇集运作”上。说穿了，就是要通过“发新偿旧”来确保不断有新鲜的水注入资金池、来补充到期流出的部分，从而确保池子里的水位在任何时候都不至于见底，甚至不会有太大的波动。而其实质，正与庞氏骗局一模一样。

不用说，凡是没有物质基础的信念支撑终究不是办法。所以，当某一“信念”开始变得脆弱时，就需要及时调整信念标的物，你方唱罢我登场，用新的面孔（“信念”）来吸引注意力，维持原有局面不被打破。

拓展阅读

债台高筑换个地方继续骗

2013 年 7 月，浙江瑞安人王某在深圳创建钱某创投有限公司；9 月创建另一家深圳泰某航科技股份有限公司。不为人知的是，当时他在浙江已是一屁股债务，与另一名创办人被浙江法院强制执行案件 12 起、合计负债超过 3700 万元，所以，他们急需寻找资金填补该窟窿。由此可见，他们创建这两家平台的目的就是骗钱。

钱某创投公司主要经营 P2P（个人对个人）网贷业务。而实际上，说穿了就是在该平台上发布虚假房产抵押借款信息（事后经查，相关房产证全部是伪造的），通过互联网公开宣传、采用传销方式向社会不特定对象吸收资金，承诺的月息是3.4%～5.8%，折合成年收益率在40%～69%，除此以外还有一些额外奖励。

泰某航公司从2013年9月起在北京、吉林、四川、安徽等15个省市设立了分公司并开展业务（全都远离深圳，企图逃避打击），主要以高利率回报为诱饵，借款期4个月～1年，承诺保本返息，月利率4%～5%。每拉到一笔借款，泰某航公司便会发给该地区团队20%～50%的提成，由团队内各层级人员按照原先约定的比例分成或返利给参与者。

两家平台对外均谎称已在深圳证券交易所托管挂牌，所从事的外汇交易量化投资可获得稳定盈利，并且还称与国际知名金融集团贝莱德合作，拥有强大的实体产业后盾。但据警方调查，并未发现两家平台有什么持续稳定的经营收益来支付高额利息，平台吸收来的资金主要用在了归还前期参与者的本金和利息、业务员提成，以及企业和个人之间的相互转账上。说穿了，就是“借新债还旧债”“拆东墙补西墙”，是典型的庞氏骗局。

2014年4月，王某等9名犯罪嫌疑人被警方采取强制措施。经初步统计，该案涉及全国参与者9000多人，涉案资金8亿多元、绝大部分都流向浙江老家，被他们用在归还过去的欠款上。①

① 李荣华：《P2P投资成中国庞氏骗局：平台吸金8亿坑9000人》，载《南方日报》，2014年4月29日。

阶段性调整信念标的物

所谓标的物，是指当事人双方权利义务指向的对象。

例如，在商业买卖关系中，标的物就是买卖合同中所指的商品；在房屋租赁关系中，标的物就是房屋租赁协议中所指的房屋。在劳务合同中，双方的权利义务指向的不是有形物体，而是无形的权利义务（这里是劳务关系），这时候就称之为标的。容易看出，任何合同中都必须有标的，但不一定非得有标的物，当然也可以两者兼有（如汽车买卖合同中的标的是汽车的所有权，标的物是汽车）。

标的的形式一般可以分为四类：一是有形财产，指具有价值和使用价值并且法律允许流通的有形物体，包括实物、货币和有价证券等；二是无形财产，指具有价值和使用价值并且法律允许流通的无形资产；三是劳务，指不以有形财产体现其成果的劳动和服务，如运输、代理、中介等；四是工作成果，指体现履约合同的有形物或无形物，如技术开发合同中完成的研发工作等。

所谓信念，是人建立在长期的认识、情感、意志基础上的行为基础。信念一旦形成便会化为人格的可靠表现，一般不会轻易改变；但在不同的人之间会形成共同的信念。信念的最高境界是信仰。

综合起来说，所谓信念标的物，是指一个人或一群人信什么。它既可以是有形的（称为“标的物”），也可以是无形的（称为“标的”）。

指出这一点，对认识庞氏骗局很重要。因为这正是庞氏骗局让有些人从不信到信的秘密所在，即这些人的信念标的物发生了改变。不但如此，**做局者还会通过阶段性地调整信念标的物，来更好地控制参与者，而这正是传销洗脑梦寐以求的效果。通俗地说就是，这时候无论骗子说什么你都深信不疑，就像喝了迷魂汤一样。**

标的物很便宜或一钱不值

庞氏骗局的标的物主要是摆摆样子的，价值一般很低，或者干脆毫无价值，它主要是充当一种符号和“遮丑布”的作用。发展到现在，许多庞氏骗局根本没有标的或标的物，简单粗暴地直接“拉人头”。

之所以会这样，是因为庞氏骗局的目的本来就是吸引后来者加入，并不指望靠销售标的物来盈利和发“工资”；整个金字塔人员结构内的“工资”和“回报”主要就来自发展下线，然后从下线及下线的下线中层层盘剥，所以，这时候用什么来作为标的物并不重要，甚至可有可无，现在更常见的是虚拟标的或标的物。

从这个角度看，实际上很容易区分传销和直销的区别。换句话说，直销主要依靠销售标的物来盈利和发工资；而传销恰恰相反，主要或完全不是通过销售标的物来盈利（主要靠“拉人头”，剥削“人头费”）。当然，直销政策中如果“拉人头”来钱更快，便很容易摇身一变成为传销。

标的物虚拟化、电子化

上面提到，进入信息时代后，庞氏骗局正在出现标的物虚拟化、电子化的发展趋势。

例如，披着电子商务、网络技术等外衣，标的物从过去的保健品、化妆品、古钱币、日常生活用品等实物形态，更多地采用虚拟网店、虚拟货币、网络任务、广告软件、电子积分、消费返利、消费养老、养生排毒、国外旅游、未上市股权等，真真假假、混淆视听，蒙蔽不明真相的参与者；同时，伴随以高额提成，满足部分参与者急功近利、“过把瘾就死”的心理特征，诱使他们不断发展下线。

再如，与以前主要依靠线下实体店、线下发展下线面对面收款不同，现在更多的资金会采用转账，如通过电子商务平台、网上银行、微信、支付宝以及其他第三方支付平台，资金交易更为简单、速度更快、隐蔽性更强；线下活动大大减少，可是其膨胀速度却极快，辐射范围更广，可以遍及全球所有华人地区；通过网上银行或其他第三方支付平台快速返利，或以企业网站的电子积分进行结算，也更为隐秘，给事后稽核和执法检查带来困难。资金到账后顷刻之间就会分散到成百上千个私人账户中去，其中相当部分被转移至境外，案发后能追回的可能性微乎其微。

阶段性更换信念标的物

无论是物质刺激、花言巧语，还是各种“信念”支撑，总有一天会到“疲劳”的时候，这时候怎么办？做局者最常用的手段是，采用阶段性调整信念标的物的方式，来达到自己的目的。

最常见的是，当原有信念变得“脆弱”、没有“新鲜感”时，就会推出一种新的“信念”来让信徒保持这种新鲜感。通过这种“推陈出新”来动态维持原有局面不被打破，说穿了，目的就是要维持现金流不变。

这种做法在庞氏骗局身上非常普遍，包括一些拥有直销牌照的平台也会如此这般打擦边球，“拉人头得抽点”，自称：“拥有直销牌照，已经拿到该地区的直销批文，是合法运作。连国家工商总局都到总公司考察过了，你还担心什么呢?”这就像钓鱼时故意抖动鱼钩，诱敌深入。

2013 年 9 月，江西精彩生活投资发展有限公司创办的太平洋直购官方网，就采用网络虚拟货币为计量单位，推行会员消费积分返利规则，用发展下线获得返利为诱饵，在短短 3 年内就发展会员 600 多万人，涉及全国 30 个省份，收取保证金近 38 亿元。为了掩盖庞氏骗局性质，该平台大肆鼓吹电子商务新模式，不断变更信念标的物，一会儿是虚拟货币，一会儿又是诚信贷款体系，尽用一些令人眼花缭乱的时髦概念。难怪有那么多参与者被绕进去后出不来，不明就里地进入圈套。这种标的物常见的有“虚拟商店”“网络任务”“未上市股权”，甚至连“墓地”都给你准备好了，但其背后无一不以高额提成为诱饵，忽悠参与者并促其不断发展下线。[①]

拓展阅读

过桥资金这次没能过得了桥

30 岁出头的胡某，曾经在某股份制商业银行深圳一家支行工作，有过多年一线信贷业务经验，给人以年轻有为的感觉。

看到深圳民间资本活跃、资金投资和金融创新环境宽松，2011 年他辞去职务，在中环租了间高档办公室，另外聘请一位银行前同事，自己开了家专门从事“过桥”资金的公司。

胡某给人的印象很好，所以，业务对象除了他父母，主要就是邻居、

① 周琳、黄安琪：《传销披上电商外衣再成吸钱黑洞，江西曾曝 680 万人传销帝国》，新华网，2014 年 2 月 6 日。

亲戚朋友、银行同事以及这些同事过去的客户。当然，从事发后的情形来看，这就正好成了“杀熟”。

胡某当初在银行工作时就认识一位朋友张某，张某觉得他斯斯文文的，人也很孝顺，印象非常不错，所以投给了他几百万元，连本带利滚动至700万元。胡某的一位老邻居冯女士，对他从小印象一直都很好。2014年8月她刚刚碰到胡某的母亲，聊天时得知胡某生意做得很不错，回家一个多星期后就接到胡某的投资邀约，便在9月把刚刚卖出一套房屋还剩下的200万元现金毫不犹豫地汇给了他。而这也使得冯女士成了这场骗局的最后接盘者，不到一个月，平台就出事了。

虽然胡某平时给人的印象很不错，但这些受害人表示，之所以会把钱投给他，主要还是看重他承诺的回报率高。实际上，胡某所从事的“过桥资金”业务很简单，说穿了就是高息揽储。他对外承诺的回报是年化收益率96%（月息8分）、72%（月息6分），最低24%（月息2分）。

“重赏之下，必有勇夫。”加上胡某过去在银行工作的光环，参与者纷纷追加投资；不但自己投，而且动员周围的朋友一起投，以便自己也能从中拿些提成。投入最多的一位杨某累计投入本金1亿多元，加上两年多来的利滚利，本息高达4亿元。绝大多数参与者在胡某那里投了两年，2014年8月以前都能按时付息的，可是到了9月就戛然而止了。

这些受害者都是胡某周围的人，包括父母、岳母、小舅子等亲人，以及12位银行人士、12位前银行同事、8名前银行同事的客户，还有邻居，合计差不多有50人，涉案资金近20亿元。

10月12日，胡某召集投资人到公司开会，明确表示自己已负债累累，至于钱去哪儿了他打死也不说。随后，在众人要求下他向公安机关投案自首。他得巧卖乖地说，当初“主要是我向你们借款太容易了，也不要什么手续。打几个电话、发几条短信，几百万、几千万就到手了……”换句话说就是，“你们这些人也太好骗了”。[①]

顺便一提的是，所谓过桥资金，是一种期限不超过6个月的短期融资，目的是与长期资金相对接。这里的“过桥”是指处于一种“暂时”状态。

中国银行业监督管理委员会2007年7月发布《贷款分类风险指引》后，到期的银行贷款一般就不能借新还旧了，而是要先收回贷款然后再给企业续贷，这样就使得不少企业在贷款到期之前，不得不要借助于过桥资金。尤其是企业公开上市前需要融资等，更是非要靠它来临时调头寸不可。这样一来，也就使得过桥资金规模迅速扩大、利率节节攀升，通常是同期银行贷款利率的4～15倍，少则30%，多则50%～100%。但显而易见，过桥资金要想“过”得去，后面的长期资金一定要能对接得上，否则必定要出问题。当然，如果这些资金根本就没有进入实体经济，那就更是典型的庞氏骗局了。

① 肖君秀、蓝姝：《高利贷致命诱惑，20亿庞氏骗局非常内情》，载《华夏时报》，2014年10月25日。

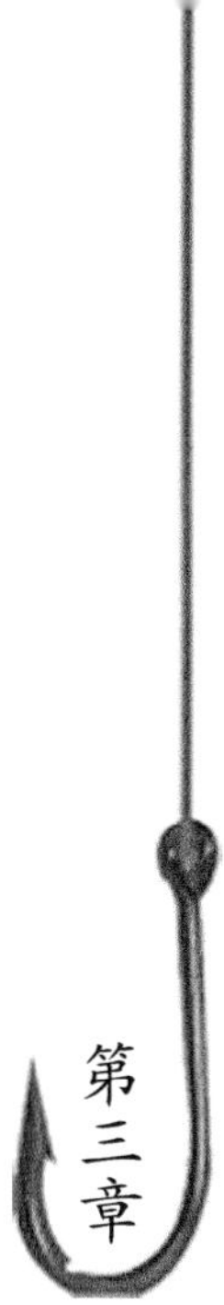

第三章

庞氏骗局的三大类型

捣鬼有术，也有效，然而有限。庞氏骗局并非个人专利，同样有不少组织和政府垂涎欲滴。一方面，人人皆知骗钱更比赚钱快；另一方面，似乎还能从中找到点刺激。唉，说多了都是泪。

个人的庞氏骗局

庞氏骗局门槛极低，没有规定非要具备什么样的准入条件，单个人就完全可以实施。请不要忘了，当初始作俑者查尔斯·庞齐就是单枪匹马玩这骗局的。这里的关键在于“骗钱”（诈骗），任何经济行为只要具备这一根本特征，即使不是庞氏骗局那离它可能也不远了。

骗钱更比赚钱快

俗话说：“君子爱财，取之有道。”尤其是在当今这样一个物质社会中，“有钱不是万能的，没钱却是万万不能的”。所以，人人追求物质收入及回报很好理解，但这里却有“赚钱”和“骗钱”的根本区别。

从古至今，骗局层出不穷，大抵有两大原因：一是“骗钱”比“赚钱”来钱快，并且更轻松，所以这些骗子从中尝到甜头后便乐此不疲，许多做局者是一计不成另生一计；二是“傻子”太多，骗子不够用，所以庞氏骗局这一行从来没有“就业难”一说，只有骗多骗少、骗到与骗不到之别。

举个最通俗的例子，来看看骗钱为什么比赚钱来钱快。

对于普通工薪阶层来说，一年要存个 10 万元（赚钱）并不是一件容易的事，可是如果要一年骗个 50 万元（骗钱）却不是一件困难的事。

设想：A 向 B 借款 100 万元，条件是承诺每年利息 50%，两年后合计本息归还 200 万元。如果 B 有这笔余钱，并且他也非常相信 A，这笔交易就很可能会实现。即使 B 对 A 不太了解，也可能会冲着如此之高的利率赌一把，把钱借给 A；只不过，这时候他可能会找个人担保而已。

别以为 A 真的突然有什么本事能够通过正当经营赚到这笔巨款，他只不过是使了个诡计罢了。在这两年中，他用这 100 万元到处吃喝玩乐，就在两年即将到期需要兑现 200 万元的时候，他又去找了另外 3 个人 C、D、E，依然对他们承诺这样的条件，结果一下子就筹到 300 万元。他从中拿出 200 万元归还 B 的本息，剩下的 100 万元用于接下来两年中的吃喝玩乐。如此这般，等到两年过去后需要归还 C、D、E 这 3 个人每人 200 万元本息时，他再去欺骗其他人，这游戏就能玩得下去。

容易看出，这时候他只要能骗到 7 个人，就能在归还 C、D、E 本息之外，维持原来两年 100 万元的开销。如果按照庞氏骗局通行的 1∶3 的金字塔形结构，即骗到 9 个人，那么他就有足够的实力去给第二层 C、D、E（说不定还包括 B）发放佣金和奖励；如果当初这 200 万元根本就没有实际退还给 B 而只是记在账上，或者 B 收到后又把它继续投给了 A，那么在 A 手上可以调动的资金将会更多、规模会更大。

这就是庞氏骗局。只要后续资金流入充分，就可能长期不被揭穿。可是，这样的想法只能是如意算盘，总有一天要被揭穿的；因为到最后，总会骗不到足够的钱。

无数个“A”以及后来也想从中分一杯羹的“B”“C”们梦想这种不劳而获，于是共同铸成了遍地开花的庞氏骗局，形形色色、防不胜防。

傻子太多，骗子不够用

庞氏骗局之所以遍地开花，原因之一是“傻子太多，骗子不够用”，所以需要层出不穷才能满足市场需求。有时候甚至可以说，一些骗局十分拙劣、毫无技术含量，可照样有人“前仆后继、死而后已”。说到底，还是“贪心”两字在作怪，民间的说法是“贪小利、屙大利”。

在山东省临沂市，2016 年有 15 家平台在从事“消费 1000 元返利 600 元”的所谓购物促销，明眼人一看就知道这是彻头彻尾的骗局。十个瓶子八个盖，总有一天要玩完。可依然有成千上万的人投入其中，为的就是贪图后面的那细水长流、画饼充饥式的高额返利。

一位已经参与该活动一年多的张某说，她家里的许多东西从汽车到日用品都是通过这种方式买来的。因为该平台宣称存 1 万元可以返利 6000 元，所以她一次性地就存了 20 万元，现在（2016 年 8 月时）已经存了两个多月，巴望着再过半个多月就能返回 20 万元本金；之后返回的就都是赚的了。不但如此，她还把家里的存款也放到该购物平台赚取高额收益。不但是她，身边的许多亲友也都参与其中，有的还加盟了代办网店。①

这位做建材生意的张某难道会看不出来其中的风险吗？当然不是。但正如有些人所说：管后面的人有风险干吗，只要自己的钱能拿到手。对于这样的说法，只能用一句“呵呵”来回答。

日常生活中，某人只要有一点点“来头”，如地位、实力、关系网，甚至孝顺、看上去面善等，都会给行骗带来便利。

---

① 《赶紧看！新华社曝光高额赠送网站涉嫌庞氏骗局》，齐鲁壹点，2016 年 8 月 30 日。

某银行上海普陀区分行信贷科副科长刘某，2009 年借了 60 万元资金给汪某，没想到时隔不久汪某便被捕，这样就给刘某留下了 60 万元的资金窟窿。于是，刘某想到了庞氏骗局。由于他在银行担任这一职务，凭这个身份借钱并不难，关键是后面的借贷利息要高于前者，这样才能完全覆盖息差缝隙。当刘某东窗事发时，他给出的月息已经攀升到 9% 了。他不断地反复借贷，很清楚这是一条不归路，最多只能拖延些时间而已。最终他铤而走险，决定用风险极高的黄金期货来赌一把、做个了断。

他先后投入两笔共计 1000 多万元的资金炒黄金期货，结果遇到 2011 年五六月份一波下跌 12% 的行情，全部赔光。红了双眼的刘某自称已经中了邪，每天都在思考究竟是窟窿大到 2000 万元时洗手，还是 3000 万元、4000 万元、5000 万元。问题是，最后一直没有罢休，最终资金链断裂，累计欠债约 1 亿元，家财散尽、亲友疏离。

这个骗局之所以会从 60 万元滚至 1 亿元，可以说与“傻瓜”太多不无关系。获得回报稍微高一点，款子就会滚滚而来。[①]

人情社会最便于杀熟

我国是个人情社会，人与人之间更强调“关系”、更相信“关系”，所以庞氏骗局也更容易在有“关系”和“关系好”的熟人之间进行，从而引发“杀熟”诈骗行为。更由于在熟人面前容易放松警惕，面对许多粗鄙不堪的诈骗漏洞也会浑然不知，最终造成损失。

---

① 胡懿新：《工行前员工诈骗案犯刘遥亲述：从 60 万到 1 亿》，载《21 世纪经济报道》，2013 年 1 月 23 日。

例如，深圳的王某通过其姐夫认识了陈某。王某声称，他从事期货投资年利润可达百分之二三十，至少也能保本。其姐夫则向认识多年的朋友陈某口头保证王某做事很稳妥、不会出事。就这样，陈某对面前这位老朋友毫不怀疑，投资给王某代理期货交易。之后，王某每个月都会给陈某一张“期货交易结算报告”，上面显示收益丰厚，于是陈某不断加大投入，累计投入330万元，后因急用取回50万元。再后来，陈某因为生意周转需要决定讨回剩余资金，这时候王某开始躲躲闪闪了，于是陈某去交易清单中载明的中航期货交易有限公司查询，这才发现王某提供的清单是假的，上面的公章也是伪造的。

而实际上呢，王某对外自称是“深圳五大期货操盘手之一”，正是通过熟人到处拉钱，并且只接受熟人和朋友的投资。开始时还会签订一份投资协议，到后来就因为彼此都是熟人，什么手续都省了。

警方查明，王某在前后9年中一共收取周围几十名熟人合计1247万元款项，其中有285万元真正投资于期货并最终全部亏损，644万元下落不明，其余资金被他挥霍一空，个人生活十分奢侈。为骗取信任，王某私刻期货公司公章，伪造用户期货交易结算报告，然后用之后参与者的投资款去返回之前参与者的所谓盈利和借款，诱骗更多的人出资给他。

可以说，这是典型的杀熟行为。一方面，参与者根本不懂期货投资常识，否则就会知道个人投资股指期货和商品期货都必须亲自到期货交易所营业部开户，而且要电脑拍照留底，不可能由别人代理开户了；另一方面，更在于只有熟人才敢把巨额投资交给对方打理，从而放松警惕。①

① 李颖：《深圳惊现翻版庞氏骗局》，载《香港商报》，2010年3月1日。

拓展阅读

在骗局边缘跳舞的标会

标会又叫互助合作会，是一种流行于江、浙、闽等地的传统融资方式。可是在它背后，更多地被充当非法集资工具，露出庞氏骗局的背影。尤其是当参加标会的人数越来越多、规模越来越大、开标周期越来越短，许多人都拉着亲朋好友一起加入时，也就意味着它已经到了面临崩溃的地步。

每次举行标会时，会主（标会发起人，也称“会头”）会约定本次标会的本金规模；如果标会每月开标一次，参与标会的总人数就是标会应该还款的总月数。

以万元标会为例，如果标会规模是50人，那么还款周期就是50个月。第一个月的第1次聚会投标，按规则，理所当然是会主得标，所有会脚（标会参与者）每人都缴1万元，这样会主一共可得49万元。等到第二个月举行的第2次聚会投标时，49个会脚就需要竞标了，即各自把利率写在纸上，然后一起开标，谁开的利率最高谁得标。如果A出的利率最高，为20%，那么会主会拿出1万元，其他48个会脚每人缴1×（1－20%）＝0.8万元，这样A一共可以借得资金1＋48×0.8＝39.4万元。从此以后，A就失去了投票权利，每个月都要拿出1万元出来缴给下一个得标人。以此类推，最后一个人将会获得前面49个人每人都必须缴的1万元，也就是说一次性得标49万元，标会至此结束。

一位做服装生意的夏某说，他每次参加标会都不愿意得标，希望自己能成为最后那个人，而这也是许多人的共同想法。举例说，如果一个月开一次标，每次 1 万元，50 个会员，那么每次开标（每月）都能拿到两三千元不等的利息；按每次 2500 元计算，他只要出资（$1+0.75\times48$）$=37$ 万元就可以在 50 个月内获得 $0.25\times48=12$ 万元收益，收益率超过 32%。在同一个标会里，后面中标的会脚通过这种方式赚取之前中标会脚支付的利息（称为“以会养会”），而其实质恰好是拆东墙补西墙。

会主每个月负责准时开标，以维持游戏的正常进行；如果遇到有会脚恶意拖欠的行为需要出面追缴，同时还须自己垫付这部分资金。所以，会脚最初参加标会时必定需要考察会主的人品和经济实力，毕竟所有会脚的资金（身家性命）全都押在他身上，不认真考察说不过去。

在浙江温岭，规模大的标会会款上百万元，一次开标中标者可拿走上千万元现金。由于不同标会之间会相互链接，从而使得会脚以极少的本金迅速聚集巨额资金。例如，把在百元会里标到的钱拿到千元会里去标，然后把千元会里标到的钱拿到万元会里去标。以此类推，撬动的资金规模可达几百万元甚至几千万元。这样也就形成了“会中会”“会套会”的金字塔状网络，越向上会主的资金规模越大，如果会主卷款潜逃，或者用于买房、办厂、赌场肆意挥霍收不回来，或者中间有一环资金链断裂，便会造成集体崩盘，一夜之间许多会主就会一下子人间蒸发。

2006 年 6 月，浙江温岭市一位 50 多岁的农村妇女金某，因为想补上家里的经济窟窿，第一次召集亲朋好友开了一个标会，会款 500 元，承诺支付“5 分”至“8 分”不等的高额利息。由于回报率实在高，所以这样一个“人情会”逐渐发展成为“10 日会”“5 日会”“日日会”，会款也从原来的 500 元提高到 2 万元。由于会员分布在温岭的好多个乡镇，所以她必须每天四处奔波应“会”，有时候一天要跑三四个地方。

就这样，当所有人都沉浸在高额回报的美梦中时，金某于 10 月 9 日突然失踪。而一帮早已等候在那里准备开标的会脚横竖等不到会主前来，觉得事情不妙，于是向警方报案。后经警方网上追逃，于26日抓获金某。

直到此时，这一庞氏骗局才揭开谜底。原来，金某的标会总人数超过300人，共吸收资金约3000万元，其中大部分资金用在了支付标会的会钱上，其余部分用作了家庭日常开支及支付借款的高额利息；最终因为资金链断裂，她不得不选择潜逃（称之为“倒会”）。

据当地银行提供的资料，当时的民间借贷利率平均高达27.06%，远高于银行13.26%的加权平均水平。从“日日会”（每天“开标”一次）这种超短周期、高利息特点看，这些资金投向实体经济的可能性很小。当地有多家企业名义上是做“投资”，实际上就是放高利贷，其触角往往会渗透到银行。由于标会只在熟人间进行、隐蔽性强，并且不受法律保护，所以一旦倒会损失很难追回来。①

---

① 周文天：《标会变异，民间融资噩梦》，载《中国证券报》，2010年12月10日。

组织的庞氏骗局

所谓组织，是指诸多要素按照一定方式相互联系起来的系统，以区别于独立的个人。

虽然庞氏骗局的做局者是一个个具体的个人，但区别于个人的组织也同样可以实施这一骗局。从这个角度看，盲目“服从”或“相信”组织显然是不对的。更不用说，无论是营利性组织还是非营利性组织都拥有并能调度相应的生产要素和资源，一旦实施诈骗，其危害性也更大。

欺诈式消费返利

前面提到的欺诈式消费返利，在组织的庞氏骗局中占有相当大的比重。它以销售商品或推销服务为名，目的并不是要靠经营来盈利，而是用之后参与者的货款去填补之前的窟窿。一旦资金链断裂，便会人去楼空。

例如，2010 年刘某在江苏镇江成立了华诚酒业投资管理有限公司，业务模式是为客户代购代销白酒，然后定期返回部分货款。为什么做酒呢？说到底，就是因为酒类经营利润空间大，可以随意定价。2015 年 6 月后，该公司以召开项目酒会、口口相传等方式向社会推广，在扬州设立了 7 个办事处。乍一看，生意做得有声有色、很上规模，但其实不然。

该公司的具体做法是：以代购代销“茅台醇酒”的名义向社会募集资

金。参与者在缴纳了2000元注册费用后便成为会员，第一次投资首单1.5万元（之后每单1.3万元）可获4.5万元白酒，其中1.5万元白酒由投资人拿走，另外3万元的酒则“委托”公司代销。根据规定，这代销的3万元部分的酒，公司要收取20%的管理费，其他的2.4万元分64个星期每星期返回375元即每月返回1500元。虽然公司与参与者也签有协议，但其中根本就没有提到如果不能按时返利如何处理，只是口头担保包赚不赔。

2015年7月，王某经人介绍赴该公司工作，开始时投资的4单都能按时收到返利，于是介绍朋友也加入，每介绍一单他可提成2000元。很快他就发现，拉人头比投资来钱快，于是到处拉人，最多的一个月拉了五六十单，月收入十多万元，最多时一个月做到四五百万元的业绩。直到有一天，他发现另一家运作模式一样的同行突然倒闭才开始清醒。尤其是公司里的人都开着上百万元的车、生活非常奢侈，用的都是参与者的钱，他觉得这钱赚得不安稳，于是在2016年年初坚决退出了该公司。不用说，如此诱人的条件，很少有人会往骗局上想。

2016年6月，该公司突然发布公告称，以后的红利将按原计划的10%发放，而到7月18日时已经停止一切返款，随后各办事处人去楼空。警方透露，该公司在扬州共非法吸收约千人，涉案资金近亿元，实际损失4000多万元；全国范围内共有参与者6480多人，涉案金额10亿元。[①]

空手道草船借箭

房地产开发一般都是企业行为，它同样属于一种组织行为。房地产开发涉及部门多、投资大、周期长，从而也使得其中骗局丛生。由于骗局的

---

① 《扬州数百名投资者被骗，投资公司知情人曝内幕》，载《现代快报》，2016年9月9日。

存在，许多项目从一开始就沦为“空中楼阁”和“钓鱼台”。

房地产开发（而非房价暴涨）的庞氏骗局主要有两类：一是通过与中介公司串通，以投资房地产项目开发的名义，发售各种所谓理财产品、吸收公众资金；二是在取得预售许可证之前，以内部认购、发放 VIP（贵宾）卡返利等方式，用击鼓传花的手段来缓解企业资金压力。一旦资金链断裂，便会套牢参与者。

例如，在湖北省黄石市，某地产公司开发的“上上坊养老型酒店公寓”就利用伪造的房屋预售许可证对外发布理财产品，称每投资 10 万元第一年可获 12% 的收益率，以后每年收益率增加 2 个百分点，5 年累计收益率可达房款的 80%；不但如此，投资者照样可以获得公寓产权。而这样算下来，实际上就相当于“2 折购房”。2014 年年初，300 多位购房者在高利息、高收益、高回报而且还能得现房的蛊惑下，每人预缴了几十万元意向金后便陷入骗局。因为该地产公司资金链断裂，就连样板房都盖不起来，更不要说项目完工了。不久之后便进入破产程序，投资者原本投入的意向金本金讨回希望渺茫，涉案金额超过 3 亿元。

安徽某公司在海南、河北等地炮制了多个商业地产项目，采用一次性“成本价”购房、3 年后购房款全部返回并拥有房屋所有权的方式，用投资者缴纳的房款弥补资金缺口，造成 4 万多名投资者损失 35 亿元。①

在上述骗局中，经常伴随着“三假”行为——一是假资质，多数房地产公司根本不具备向公众发售理财产品的金融牌照，所以这种行为本身并不受法律保护；二是假合同，合同、预售证照都是假的；三是假担保，宣称以住房、商铺、车位等不动产作为担保物，如果还不上钱就给投资者现房，而实际上其中有许多不动产根本就不可能取得产权。

---

① 《买养老公寓还能做“理财”，5 年内返还 80% 房款?》，新华社，2015 年 12 月 4 日。

产品和股权一起卖

所谓股权，是指投资者向合伙企业或企业法人投资而享有的权利。这里包含这样几层含义：一是你要有资金投入，并且这种投入明确是投资，而不是购买商品或借款；二是你投资的对象是合伙企业或企业法人；三是你只有投资该企业才能享有相应股权。这里的重点是第二点，这两种投资对象会导致相对应的两种股权：如果你是向合伙企业投资，你需要承担无限责任；如果是向法人企业投资，则只需承担出资额为限的民事责任。

庞氏骗局用股权来钓鱼，这样的企业通常是非上市公司，甚至还刚刚处于草创阶段，离将来是不是能上市根本就是八字还没有一撇的事。所以，这种非上市公司的股权称为虚拟股，主要是指一种利益分享机制，并不涉及真实股权变动的工商登记变更。做局者正是利用这一点，更利用投资者对有关股权知识的不了解、不熟悉来画大饼。尤其是 2011 年股权众筹概念进入我国后，更喜欢利用这一概念来愚弄参与者。

例如，2013 年 11 月—2014 年 11 月，600 多名上海、黑龙江、山西、重庆等地的投资者认购了上海中酱封坛酒产品，总额超过 2 亿元。

双方在签订的“酩樽汇封坛酒认购及托管服务合同”上写着，投资者要先购买 7 万元的礼品酒成为会员，然后认购 10 万元一份的封坛酒作为原始股权；上海中酱承诺在将来公司上市后转换为相应股份，或者在合同满 1 ~ 3 年的有效期内，以不超过购买价格的 12% 进行溢价回购。

在 2014 年 4 月的上海中酱战略合作协议仪式上，有关地方政府领导和中央媒体主持人等频频站台，但直到 10 月承诺的上市日期到来，并没有看到公司作为“全国首家酒业综合商务平台”在资本市场首秀；尤其是 2014 年 12 月才签约入股上海中酱的东方汇富，更在 2015 年 9 月就悄然退出，开始让许多投资者感到不安。原本板上钉钉的上市日期过去一年了还没有兑现，一些投资者提出要求撤回资金，但公司表示这些钱已经投入到项目中去，要想撤资必须等到公司上市之后。

而其实，在上海中酱之前，与此宣传手法、募集资金、结局类似的深圳中酱，问题暴露得更明显，也更早。成立于2012年9月的深圳中酱，其酒业产品2013年就陷入兑换危机，2015年8月被列入异常经营名单。两家公司董事长同为贵州仁怀市中酱酒业连锁股东。

为什么问题会这样一而再、再而三地暴露？一位知情者一针见血地反问道："不就是想追求高额回报吗？"确实，在资本市场的寒冬季节，12%的年化收益率足够吸引投资者眼球；当然，同样也会让骗局得以延续。所以能看到，一些讨债的投资者已经在该厂住了三四个月仍旧没想到去法院起诉，就是因为他们依然念念不忘着自己的那些高额回报。

而其实，仅仅是成为会员购买原始股、人数在200人以上这些因素，名义上卖酒、实际上卖股权，就能说明该公司的做法涉及非法集资了。[①]

按照常识，**原始股是企业创始初期由发起人筹集资金认购的股份，持有人一般都是发起人。在公司发展壮大过程中需要引进战略投资者时，首次公开募股（IPO）前只能通过非定向和私募方式转让股权。无论是自建平台买卖原始股，还是像推销商品一样沿街叫卖，既违法又可笑。**

根据我国《公司法》第78条规定，股份有限公司的股东人数不能超过200人。换句话说，如果某企业或某项目到处吸收股东，大肆推销随到随卖，人数没有限制或已经超出200人，即是非法。而根据《证券法》第10条规定，无论是向不特定对象发行证券还是向特定对象发行证券，累计

① 朱艺艺：《中酱兑换危机再调查：陷庞氏骗局涉非法募资》，载《21世纪经济报道》，2016年8月19日。

超过200人都属于公开发行证券；而公开发行证券必须经过中国证券监督管理委员会或国务院授权部门核准，并且需要在交易所遵循一系列规则进行。对照这两部法律，以及目前比较规范的风险投资起投额至少是50万美元或300万元人民币，很容易就看出某企业或项目的做法是否合法。

拓展阅读

自由买卖股权属非法

2016年以来，与各种P2P网贷平台抓紧跑路形成鲜明对比的是，各种原始股权出售平台纷纷登台亮相，均对外承诺拥有非常高的获利回报率，并且只涨（而且是暴涨）不跌，形成一道独特的风景。

在北京街头，北京商搜环宇科技发展有限公司就向路人发放发售原始股权的购股说明书，称有兴趣的投资者可参加公司周末组织的集中免费观光旅游，并聆听该原始股投资的具体情况介绍。据称，该公司已于2015年10月在深圳前海股权交易中心挂牌，公司未来有一系列战略打算，参与者购买该公司原始股有望增值3~5倍。

在活动现场，该公司为了鼓励投资者参与，给现场认购的参与者当场发放礼品，并给予“砸金蛋”机会。公司承诺，从签订合同之日起满30日，便可在商搜环宇交易平台上进行买卖；每月可出售购股总额的20%，30天或60天后可以在该平台上转让股份。举例说，如果你投资18.5万元购买了5万股“原始股”（每股3.7元），封闭60天后每月卖出20%即1万股，价格上涨20%就是每股4.44元；以此类推，最后一个月可收益26万元，年化收益率80%左右。

然而经调查发现，该平台只是公司自建的，参与者在这个平台上进行交易套利，实际上属于一种击鼓传花的行为。工作人员轻描淡写地说，“就像接力赛一样，今天您接力，下周我接力。没有谁亏谁赚，最后买的人也不亏，他离上市时间最近，所以就是把利润摊薄了。”而实际上，这就有庞氏骗局嫌疑了。

正如中国政法大学资本金融研究院院长刘纪鹏所言：“凡是号称这个股票下个月必须涨10%，或者从2元涨到2.5元，这就是骗子，大家不要再犹豫了，听这一句话就够了，它只不过是让后来进来的人去托前边的人，给前边的人去高额分红，这种情况呢，严格说是庞氏骗局的一种。”

由于这是利用之后参与者的高价买入来为之前参与者实现盈利进行解套，那么最后进入的参与者又能把这股票卖给谁呢？工作人员介绍说，如果7个交易日无人接盘，商搜科技会买下来，由他们对外销售。

而根据国家规定，前海股权交易中心等区域性股权交易市场（民间俗称“四板”），只能为挂牌企业进行宣传展示；如果涉及股权转让，则需要严格按照私募方式进行，并有严格限制。少数挂牌企业如果面向社会公众发售或转让“原始股”，以此为名进行非法集资，政府将会进行严厉打击。因为这些区域性股权交易市场的原则是“非公众、非标准、非连续”，即：挂牌公司股东人数不得超过200人；不得将股份按照标准化交易单位连续挂牌交易；任何投资者买入后卖出或卖出后买入同一交易品种，间隔时间不得少于5个交易日。①

① 《央视揭秘原始股集资骗局：号称年化率达80%》，央视财经“第一时间”栏目，2016年5月28日。

政府的庞氏骗局

庞氏骗局的根本特征在于资金转移，而不是财富创造。也就是说，它的获利来源主要是货币运动而不是实体经济。从这个角度看，拥有货币发行权的各国政府（具体是中央银行），确实在利用庞氏骗局发展经济。

只不过，与个人、组织实施的庞氏骗局相比，在其背后有强大的宣传机器在涂脂抹粉，有强大的国家机器（军队、警察、法庭、监狱等）做后盾，这种骗局不容易识别、资金来源不会轻易枯竭罢了。

美国经济是最大的庞氏骗局

媒体上经常有讨论哪个国家是庞氏经济的说法，有人说中国经济的增长是庞氏骗局，而实际上，美国才是全球最大的庞氏骗局。

比如，美国西北大学中国问题研究专家维克托·施就抨击中国经济是“一个庞氏骗局，主导的是中国的央行，而且它还可以印钞票”。其论点主要有二：一是央行在无限制发放贷款，导致大量的信贷资金进入楼市，使得住宅成为了“金融产品”而不是居住品；拿着2万元钱只能买到每平方米值5000元的房子，房子就成为庞氏骗局的标的物，一旦将来民众财富耗尽没有接盘者，楼市则会崩溃。在中国的GDP中，楼市占有相当大的比重，北京等地这一比重一直超过50%；而如果楼市是庞氏骗局，那么中国经济也就带有庞氏骗局成分。二是中国股市，原理同前，也是因为信贷资金炒高了股价。而中国人民银行研究局首席经济学家马骏则证实说，2015年年末我国总体金融杠杆率高达234%，“过去十几年当中，杠杆率上升1/3的来源是房价的上涨”①（最新数据是，2016年1～8月全国国有土地使用权出让收入约2万亿元，土地出让金占地方基金收入的比例高达87.89%，地方政府重新回到土地财政，房地产系统性风险成为我国经济面临的最突出风险因素②）。

但其实，与中国经济相比，美国经济和美元的庞氏骗局更严重。原因是，庞氏骗局的本质在于货币的转移而不是物质财富的出产，可是美国恰恰是全球借贷消费（其实质是印钱购物）的集大成者。美元的价值在美国已经完全没有相匹配的财富，所以才会溢出到全球；而各国购买美元、把美元当作全球最大的流通货币，让美国坐收一本万利的铸币税、成为一种全球性庞氏骗局的既得利益者，这才是美国强大的根基之一。③ 虽然美元以及美国资产对于全球大多数国家来说具有极高的安全性和流动性，全球70%的外汇储备以美元存在，但这同样无法掩盖美国经济的庞氏性质。

推而广之，**如果一个政府用更大的债务规模来应付眼前的债务，从而使得债务包袱越背越大，这就必然会形成政府的庞氏骗局**。可是环顾全球，有多少国家的庞氏骗局破产了呢？确实有，像冰岛、委内瑞拉、尼日利亚等都是。但容易发现，这些都是小经济体国家，它们因为债务规模越来越大、最终连利息都付不出，只好宣布破产；相反，美国、日本等大经济体国家的债务虽然也在不断增长，却从来没有破产之虞，这主要就得益

① 李策：《央行马骏：中国杠杆上升1/3源于房价上涨》，第一财经网，2016年9月11日。

② 何苗：《前8月卖地收入占地方政府性基金收入近9成》，载《21世纪经济报道》，2016年9月30日。

③ 叶楚华：《中国超过美国还要多少年》，太原：山西经济出版社，2010年8月。

于美元、日元在全球通用性的好处，从而使得它的流动空间变大了，导致它们拥有更大的债务承受能力。

例如，一个国家向别人借款（发行债券）1 万亿元，年利息 5% 即 500 亿元，这 1 万亿元最终创造的物质财富却只有 300 亿元，那这样的负债包袱就会越背越大，必然需要借用更多的债务来支付利息；而当经济环境不好或无法借到更大规模的债务时，这一庞氏骗局便会破灭。

可是，如果这个债务国是美国，它只要开动机器印刷 1 万亿美元，这些美元马上就被其他国家所收储，这就意味着它根本就不用担心这种借新还旧会有什么问题，这一庞氏骗局就可以一直玩下去。也就是说，理论上看，只要美国多印纸币就可以“还债”；并且，这样的纸币还不愁没人要，这就够了。这就是单纯的债权人与货币属性所造成的不同结果。①

明白了这一点，就知道每个国家的债务规模为什么会越来越大了。不要说可以印发美元在全球流通的美国了，就连其他美元流入国也是这样。为什么？因为国家和个人不同。**个人负债时会通过节省开支、想方设法偿还债务；可是国家在经济困难时，一定会想到用印钞来“拯救”经济，即使在经济发展速度较快时，也会因为政绩需要把主要盈余投入再发展，**以谋求更快的发展。更何况，**国家债务和个人债务也不同，国家债务的债权人和债务人往往重叠，这也降低了政府破产的可能性。**

股市的庞氏骗局及其特殊性

前面提到，股市在运营机制上同样具有庞氏骗局成分。如果要说有什

① 有兴趣的读者，可进一步阅读本人的另一部著作《美元陷阱》。严行方：《美元陷阱》，太原：山西经济出版社，2012 年 12 月。

么区别的话，主要在于股市是政府设立的，在这背后有政府力量的推动和上市公司的信誉做担保（至于能不能担保得了是另一回事），所以它的"下线"可以发展到非常庞大[①]，甚至可以"全民皆股民"、不分国界。难以想象，如果这股市的背后没有政府力量在推动，或者说政府不承认它或者宣布它是非法的，还怎么可能会有这么多人参加，绝对不可能。

除此以外就是，股市这个庞氏骗局的标的物是上市公司。一般庞氏骗局破灭后就结束了，最后被套牢的参与者的财富会灰飞烟灭；可是股市泡沫破灭后，尽管最后被套牢的股民财富也会损失惨重，但股市永远不会关闭，并且将来还有机会通过新的行情启动来进行"解套"。为什么？因为这些上市公司中虽然会有企业倒闭、清盘，但却不可能所有上市公司都清盘（这样股市也就不复存在了），"留得青山在，不怕没柴烧"嘛。

所以有人说，股市也是庞氏骗局，只不过它是一种可持续、永远不会结束的庞氏骗局；只要有充足的后续资金，它就能给前面的人解套。[②]

关于这一点，国际投机大师乔治·索罗斯早就用"反身性"理论揭穿了其中的秘密。所谓反身性理论，是政治、经济领域中的一种自我加强现象，这种现象最后会通过快速调整而结束。

为此，乔治·索罗斯提出了两个离经叛道的观点：一是股票价格的波动不是简单地围绕其价值，而是围绕投资者自己的行为。这是因为，股票作为标的物与庞氏骗局的不同点在于，它毕竟是有一定实际价值的，当股价一路下跌时会产生正反馈效应。也就是说，之后的卖出者会预期将来股价还要跌，所以会以更低的价格卖出股票，从而造成踩踏事故。一旦股价下跌到仅仅获取股息分红也有不错的回报时，价值投资者就出现了。二是

---

① 2016年1月21日，中国股民人数突破1亿人。

② 叶楚华：《中国超过美国还要多少年》，太原：山西经济出版社，2010年8月。

股价上涨时公司的融资能力会增强，并导致未来的价值提升。意思是说，如果购买某股票的人多了，该公司的融资能力会提高，会帮助该公司扩展业务。而当股价下跌时，会出现类似银行挤兑的现象，造成该公司价值受损。

他认为，股票价格并非围绕其价值上下波动，而是具有反身性，即过去的股票价格上涨造成了股价上涨的预期，然后才会有新的投资者买入并持有；而这些新买入该股票的投资者，其买入理由并不是看好该股票今后的每股收益，而是他们预期该股票的价格今后还会继续上涨，从而使得自己有机会把该股票卖给以后的投资者。

容易看出，这实际上和庞氏骗局的原理是差不多的，即希望用后来者的钱为之前的买入者解套。但同样显而易见的是，当所有的人都寄希望于后来者的加入为自己解套时，就意味着骗局将要玩不下去了；因为后来参与者的人数和资金总是有上限的，不可能无穷大。

明白了这一点就知道，股市中的泡沫是一定会破灭的，并且还可以根据这一规律来计算股市泡沫破灭（股市暴跌）的时间。事实上，2013 年诺贝尔经济学奖得主罗伯特·席勒早年的论文就是用庞氏骗局来类比股市，并且多次精确地预言了股灾的来临。

房价暴涨的自发式骗局

“自发形成的庞氏骗局”理论，是诺贝尔经济学奖得主罗伯特·席勒 2013 年创立的。他认为，现实生活中有许多庞氏骗局并没有实际做局者，而是由民众自发形成的，如股市、房市、黄金交易等。也就是说，这种庞氏骗局的做局者是市场，是由市场力量的推动自发促成，由一个人的期望激起下一个人的盲从，从而蔚然成风，形成一个个骗局连环。

以房地产市场为例。房价暴涨之所以遏制不住，就与其中的庞氏骗局因素有关。这种庞氏骗局，很难有证据说谁是做局者，更多的是社会上普遍形成的一种“以后房价还要涨”“只会涨不会跌”“买房会保值”等预期。大家都这么想，有钱在买房、没钱借钱（住房按揭贷款）也在买，就把房价抬上去了。而房价迅速上涨后，之前买房者投资的高获利又会影响之后参与者的决策，于是也纷纷加入这个行列中来。

为什么会普遍形成上述预期呢？最关键的因素是货币超发。从全局看，在投资、出口、消费三驾马车中，我国的 GDP 增长主要是靠投资，其中大部分投向了基础设施建设和房地产。前者如高速铁路、高速公路和地铁等；后者最典型的是房地产，因为房地产行业上下游牵涉几十个相关产业，最容易拉动投资增长，它的这一地位无可替代。

衡量货币超发最有用的指标是广义货币（M_2），即货币概念中现金、银行活期存款、准货币的总和，反映的是全社会对商品和劳务具有多大的潜在购买力。在我国，2000 年年末的广义货币规模为 13.46 万亿元，2015 年年末为 139.23 万亿元，后者是前者的 10.34 倍；在此期间，房价差不多也是上涨了 10 倍。再往前看，1990 年年末的广义货币是 1.53 万亿元，换句话说，2015 年的广义货币是 1990 年的 91 倍。而对照全国职工平均工资水平，1990 年是 2140 元，2015 年是 53615 元，后者是前者的 25 倍。这就表明，这些超发货币中 3/4 都没有成为职工收入，这差额 66 倍哪里去了呢？其中主要流向之一，就是房地产市场，化作了房价的上涨和泡沫。所以著名经济学家吴敬琏说：“一只手拼命发货币，另外一只手想按住房价，这是做不到的。”[①]

---

① 韩哲：《楼市只是退烧，不存在拐点》，载《北京商报》，2016 年 10 月 17 日。

除了货币超发的需求侧因素，另一个主要因素要从供给侧即土地供应价格看。土地的稀缺性必然会推动地价走高，尤其是在公开拍卖的情况下，想有多高就会有多高，因为土地的位置不可移动。这可不像股票，价格高了我可以不买，而改为购买同一概念的其他股票；土地不同，相邻的两个地块，马路这边和那边、河这边和河那边的价格可能会相差多少倍。大家都要抢这块地，价格就必然会抬上去，“地王”（土地招标拍卖中以天量资金竞下的地块）就是这样出现的；而土地拍卖收入呢，最终当然是流向了政府，化作了财政收入。所以，当你知道有些地方政府鼓励拍出“地王”、希望以“地王”来引导房价的高预期、帮助解套周围房地产，为此不惜最高返回给竞买者80%的土地出让金，就不难理解了。①

从这个角度看，**政府对房价上涨是乐见其成的——房价上涨会带动土地拍卖，从而给政府创造更多的财政性收入；此外，还能用来对冲货币超发。实体经济不振，货币不超发不行；而这些超发的货币到处在市场上瞎撞也不行，必须有某种东西能把它罩住，而这个角色就非房地产莫属**。

这就和我国二十世纪七八十年代的“上海牌手表，永久牌自行车，大白兔奶糖”、八九十年代的“彩电，冰箱，洗衣机”一样具有吸收货币泡沫的功能。现在的房地产更多地在充当金融而不是消费品功能；否则，这些年的通货膨胀绝不会如此稳健。现在房价居高不下时，今后适时一点点刺破泡沫，就能消除货币流动性祸害并回收财富。②

---

① 刘文昭：《拍出地王，最高返还80%土地出让金，地方政府为何如此慷慨》，腾讯网，2016年10月8日。

② 齐俊杰：《比房价泡沫更可怕的是流动性泡沫》，百度网，2016年10月5日。

所以说，只要政府发挥好调控功能，楼市的庞氏骗局就很难崩盘；当然，这并不表明就不可能崩盘。2008 年爆发的全球金融危机最早是从美国次贷危机开始的，就是一个很好的例证；今后我国如果要发生经济危机的话，最大的可能就是在楼市，即经济学上所指的“明斯基时刻”①。

以上海为例，2006 年上海市住宅用地成交均价约每平方米 1000 元，2016 年已上涨到 1 万元左右，10 年间上涨 10 倍；与此同时，这 10 年间上海市的平均住宅成交价也差不多上涨了 10 倍。针对房价暴涨，如果有人撇开庞氏骗局，只会简单地套用一般经济学理论中的供求关系和价格弹性角度来讨论观察，就必然会步入“砖家”们的扯淡。②

这是因为，任何一种普通商品都不可能像房地产那样享受到政府的各种购买优惠。2016 年上半年，银行系统降低购房首付比例、鼓励按揭利率打折，政府号召“去库存”，于是才出现有史以来最大的个人住房信贷规模，并且在个人贷款中 90% 以上是住房按揭贷款。③

但很显然，所有庞氏骗局都会崩盘，只是时间早晚而已，包括这些自发形成的、政府也乐见其成的骗局。什么时候会崩盘呢？当购房目的主要不是为自住而是为投资，当购房者越来越少、空房越来越多甚至大片出现“鬼城”（住房空置率过高、夜晚漆黑一片的城市新区），当房子租不出去、租金跑不过通货膨胀，当货币继续宽松政策不再、实体经济复苏，实际上就意味着楼市即将崩盘或已经崩盘了。

---

① “明斯基时刻”是指美国经济学家海曼·明斯基（Hyman Minsky，1919—1996）所描述的资产价值崩溃的时刻，标志着市场从繁荣走向衰退的转折。

② 乐之读：《比买房更重要的，是看懂房价上涨背后真正的逻辑》，腾讯网，2016 年 9 月 20 日。

③ 明日绫波：《辛苦一辈子，可能真不如倒腾几套房》，载《人民日报》（海外版），2016 年 9 月 22 日。

拓展阅读

美元如何沦为庞氏骗局

美国经济是全球最大的庞氏骗局，可以从美元是如何沦为庞氏骗局的说起。为了便于理解，这里用一个简化了的例子加以说明。

话说以前有一个叫山姆的小伙子，一直非常有节操，并且工作也很努力，建立了许多成功的事业。后来，他变得很富有，囤积了比全球任何人都要多的黄金；再后来，他因为年纪慢慢上升，有些忘记年轻时的价值观了，并且一些亲戚朋友也开始占他便宜了。

其中，特别是有一个名叫弗雷德的侄子最坏。有一次，弗雷德带着他的一位银行家朋友去拜访山姆叔叔，从此就把山姆给教坏了。因为当时山姆虽然是全球最富裕的人，可还是听信这位银行家的劝说，为了进一步提高生活水平，对外发行债券，把更多的资金集中到自己名下。而山姆这样做的方法其实很简单：先是弗雷德用印刷机印出一些纸币来，然后缴给山姆；而山姆则给弗雷德写下一张张欠条，用家里的黄金来担保这些欠条都能兑现承诺，所以，每个人都认为这些纸币与黄金一样珍贵。

山姆持有这些纸币后，想买什么就买什么，慢慢地就上了瘾，并且一发而不可收。因为他要做到这一点实在是太容易了，并且他有足够多的纸币；万一用完了，再打欠条给弗雷德，让他再印便是。

再说弗雷德手里从山姆那里拿到的欠条越来越多，可是，这些欠条又有什么用呢？这时候就不能忘了他的这位银行家朋友。他把欠条拍卖给这位银行家，然后由他去进行处理，从而变成各种各样的金融衍生产品流入民间。而山姆的每一张欠条到期后，都是要连本带息付给弗雷德的。怎奈他欲望越来越大、东西越买越多，纸币也越来越不够用，于是债务也就越欠越多，还是终日要靠借新还旧。

但奇怪的是，因为他家里有那么多黄金堆在那里，居然没人担心他会还不出来，几乎全球的人都在用山姆的纸币进行国际贸易。

直到有一天，有人估计全球流通的这些纸币已经大大超过山姆家里的黄金储备，不再相信这些纸币了，于是纷纷开始抛售纸币、买入黄金。而这时候的山姆知道这游戏已经玩不下去了，所以宣布这些纸币不再由黄金背书，也就是说完全和黄金储量无关。

这实在是山姆的一记冒险行为。因为这样一来，这些纸币就真的只剩下了“纸”的功能，但山姆却依然自信满满，在他看来，只要全球依然有那么多人继续使用他的纸币，他就不用担心以后他打欠条换回的纸币会没人要。

事实确实如此。虽然这些纸币的成色和以前大不一样了，但因为依然有那么多人信任山姆，所以他的游戏（庞氏骗局）依然可以一步步走下去。他依然是全球最富裕的人，依然每个人都在相信他的承诺。

终于有一天，山姆发现他的欠条数量已经比弗雷德当初建议的数字高出了5000倍，高达16万亿，并且未来要支付的规模更是高达202万亿，想想都害怕。这时候他的一些亲戚也都警告他不能再借债了，否则将来还不起。可是山姆担心归担心，但只能一条道上走到黑了。因为他如果停止发行债券，根本就还不起这么多债务，更不会有人以低于3%的年利率借钱给他；更不用说，就是稍微少打几张欠条，也会因为现金流入不如现金流出而降低生活水平，这是他宁死也不愿意看到的。

最终便出现这样奇怪的一幕：一方面，全球拥有山姆纸币的数量有几万个亿，他们简直不知道如何去消化、使用这些纸币，所以只好又把它再借给山姆，每年收取不到3%的年利率。另一方面，山姆的这些纸币贬值速度却高达10%。换句话说就是，他每年反而可以从中坐享其成7%的借贷息差，正常年景下仅仅依靠这一点他便可以过得很好了。

现在，全球的人都已经认识到了这一点。如果今后山姆因债台高筑而破产，是不会有人同情他的，因为这根本就是一个巨大的庞氏骗局。

不用说，上面的这位山姆就是美国，这纸币就是美元，弗雷德则是美国中央银行即美国联邦储备委员会。①

① 莫西干：《史上最大的庞氏骗局——美元的故事》，华尔街见闻网，2013年6月26日。

第四章

钓鱼还是钓愚

利令智昏。要想避免被钓鱼或被钓愚，就必须保持一份理性头脑。简单地说，投资收益率一般不会超过 GDP 增速，高于 12% 要加倍警惕，超过 20% 即使不是骗局也很可能是肉包子打狗。

普度众生与无利不起早

凡骗子总不会自称自己是骗子，而是会打着某种旗号，甚至标榜自己是“救世主”，是在“普度众生”，遗憾的是这样的谎言居然也能蒙蔽不少人；这些人把自己辛辛苦苦一辈子攒的钱拱手送出时，恰巧忘了一句有些年头了的老话，这就是“无利不起早”。

用普度众生迷惑参与者

所谓普度众生，在佛教用语中是指佛家弟子普遍引渡所有人脱离苦海、登上彼岸。这本来是佛教中大乘的核心思想，认为自己一个人成道只是成的小道，而只有帮助众生得道才能成就大道。

可是殊不知，几乎所有庞氏骗局都会用它来做幌子迷惑参与者。如“MMM 金融互助平台”“CCC”“SUOLOO 索罗国际互助平台”等，就都曾经打着普度众生的旗号，让一些心地善良兼贪小便宜的人稀里糊涂地就上了当。

以“MMM 金融互助平台”为例，它是这样对外宣称的：“2011 年俄罗斯人马夫罗季重新创立了 MMM 互联社区，目的是要打破金融家控制，创建普通人的社区，无私互相帮助，所以它属于一种互助全球基金。2015 年 5 月启动中国区，让每个普通人都能参与公平、公正的金融体系。MMM 不是银行，不收你钱，不是网上业务，不是高收益投资项目，它只是一个互相帮助的社区。MMM 模式具有很多其他项目不具备的亮点：免费注册，投资人性化，金额在 60 元到 6 万元之间选择，周期短、利润高、见效快，无回购、无手续费，只需开一个账户，可以多单帮助，相当于分散投资，并不是一次性打钱过去的，而是一个个的等级系统匹配，所以风险系数被简化，中间隔开的时间也许是 15 天，也许是一个月，出局快、不拖泥带水，重新拿‘直推奖’和‘领导奖’，获得利益最大化。不用弄产品、不用兑换电子币，资金在玩家当中循环流动，不用担心官网跑路，最大程度上迎合了投资人实现短期钱生钱的实际需要。”

看看，在这其中又是“打破金融家控制”，又是“无私互相帮助”，俨然好像自己是一项公益事业。虽然仔细推敲一下就能看出其破绽来，即参与者所能获得的如此高昂的投资回报究竟从哪里来（据该平台介绍，参与者如果投入 1 元钱，一年后连本带息可收入 23.26 元，这还没包括“直推奖”和“领导奖”在内）。但大多数人不愿意或不肯往这方面想；因为想着想着，就很容易看出其漏洞百出，继而动摇自己的信念。

这种普度众生的鬼话为什么有人信，而且信的人还不少呢？很重要的一条原因是：**金融景气的时候往往产业经济不景气，产业经济景气的时候往往金融不景气**。就目前而言，当然是前者。也就是说，产业经济的不景气导致资本不甘心俯首嫁给低利润率，所以，除了要继续寻找新的经济增长点如新能源、生态农业外，侧重点便放到了寻求避险上，而避险的主要目标就是互联网金融和房地产。通常的规律是：**经济从繁荣期转入衰退期会大批出现楼市烂尾，而楼市烂尾后则需要依靠金融杠杆来起死回生**。一

拨拨割韭菜，一步步收拾投资者。

所以，庞氏骗局从房地产和互联网金融下手，再打着普度众生的旗号，就特别容易迷惑人。比如在地产领域，这种庞氏骗局绝不会承认自己是骗局，而是会反复强调这种投资获利的高回报率，让人仿佛看到自己将来既能拿到房产现在又能获得高利率，甚至5年的回报率高达房价的80%、相当于2折购房的鬼话也有人信（房价的2折就连土地拍卖成本也收不回来，更别谈建筑成本了），就与这种欺骗性有关。

所以能看到，现在几乎人人都在参与互联网金融，为什么？山东省省长、中国证券监督管理委员会前主席郭树清认为，这与多数中国人就连低收入人群都有一定的结余资金有关，这就是我国国情。而实际上，**根据法律规定，私募投资规模超过200人就是违法的；面向少数人的投资理财产品，既不能打广告也不能上电视、登报纸，就连到居民小区去发传单都不行。凡是承诺“保本高收益”的一听就知道是诈骗。在国外，财富管理只是少数人尤其是少数富翁的事。**[①]

从这个角度看，普度众生是假，众人身上都有钱才是他们看重的。

稀里糊涂地就被洗了脑

洗脑目前已是一项相当成熟的技术，最早是由苏联情报机构克格勃发明的。简单地说，**洗脑就是用他的思想替换你的思想。初看起来这好像很难做到，但其实恰恰相反。因为每个人都有弱点，只要有的放矢地偷换概念、反复强化、自我暗示、他人暗示、群体施压，就几乎可以战无不胜。**

① 《山东省长：“保本高收益”一听就是诈骗，庞氏骗局屡禁不止》，中国新闻社，2016年6月4日。

特别是对心理学、哲学了解不多或意志薄弱的人，这一转变3天足够；理性思维好的人可以对付一个星期，一星期后即使没有被洗脑，情绪也会受到严重传染，随时随地有可能陷进去。所以，千万不要以身试“洗”。

洗脑本身只是一种工具，很难说有对错之分。但在庞氏骗局中，它却成为一门最重要的必修课。因为现在的庞氏骗局已经不再像过去那样有明确标的物了，卖的往往只是一种人际关系，一种人与人之间的信任。首先解决洗脑问题，是怎么也绕不过去的一道坎。

在庞氏骗局中，做局者与参与者的互动关系并不复杂，基本套路是采用高回报率做诱饵，同时伴随着大量的虚假宣传，再佐以以假乱真的“权益凭证”来消除各种疑虑。而参与者则往往为了追求高额回报、贪图一夜暴富就信以为真，不加考察或不懂如何进行考察，或者也无法深入考察实情，非得等到钱财被骗光后才会恍然大悟，后悔莫及。实际上，要识破这样的骗局其实并不难，只要到工商行政管理部门去了解一下，或者向创业投资机构咨询一下投资风险，还是很容易发现破绽的。

在这其中，有相当一部分参与者因为当初稀里糊涂地就被洗了脑，撞倒南墙不回头。这正应了一句老话：“可怜之人必有可恨之处!”

那么，这些人当初是怎么接受洗脑的呢？这里以“1040自愿连锁经营业”为例来加以说明。据说这是1998年“国家从国外引进的项目”，在其他地方又称为“网络”“商务会务”“连锁经营”“资本运作”“1040阳光工程”等，但实质都是同一个。

明明是一张最普通不过的2005年版100元人民币，会从他们嘴里神神叨叨地冒出一大堆鬼话来：①背面中间人民大会堂门前的3个台阶，以及竖着的5段全息磁性开窗安全线，说是表示他们这个“行业”五级三晋制中的“3”和“5”；②五盏灯说是表示五级三晋制中的5个级别，一盏灯高出一个台阶，表示已经提升了一个平台；③左边五根柱子说是同样表示五级三晋制中的5个级别，另外还表示工、农、商、学、兵5大类人群；④左上角“100”字下的交叉网状图案，说是表示环环相扣的连锁经营；⑤正反面都有像电话一样的图标，说是表示这个行业内部需要靠电话沟通；⑥右边部分分别有13个点和16个点，合计29个点，说是表示29个人上平台，左上方的13个点表示2005年时我国有13亿人口，右下方16个点表示我国台湾有16个民族，台湾人同样可以参与这项“事业”；⑦金线是隐藏的，说是表示这个行业是秘密运行的；⑧正面左上方有24个点，说是表示行业内的人手机24小时不能关机；⑨正面最上面一行从左到右一共有7个椭圆相连，但最左和最右的是半圆，说这是表示7天考察期，7天考察后看明白了，前后两个半圆就能重合（圆满）了。

这在正常人看来完全是牵强附会，但却被用来作为洗脑的第一堂课。还记得“指鹿为马”的典故吗？秦朝有个实权派奸臣叫赵高，他想篡位，但又不知道朝廷中哪些大臣会支持他，于是有一次特地献上一只鹿对秦二世说这是马。秦二世虽然昏庸但也不至于马鹿不分，于是赵高便问各位大臣这是马还是鹿，那些惧怕赵高的大臣只好顺从地说是马，而如实说是鹿的人事后都被赵高处死了。这就是指鹿为马的成语，形容故意颠倒黑白。

在这里，对人民币图案的解读与指鹿为马有异曲同工之效。如果你“看懂”了这些说法，认为这确实是“国家暗中扶持”的项目，就离走进这一步不远了；如果你根本不赞同，自然就会自动离去，而这对“1040”来说也不会造成什么影响。问题是，大部分人会在这样的环境下受到暗示而无法辩驳，有些人则用“信则有不信则无”来应付，于是慢慢走入圈套。

不仅如此，他们还会用各种图片、视频，用心良苦而又耐心非凡地把一些重要景点和政府建筑如此这般地灌输给你，讲得神乎其神，仿佛把千年秘密全都告诉你了。其间，不时还会夹杂一些国家领导人的讲话在内。

有些真真假假无从判断；有些虽是原话，但通过断章取义已被曲解成他们所暗示的意思，让人从不怎么相信到将信将疑，然后到深信不疑。而这时候听的人也会异常兴奋，觉得非要把自己所“学”到的这一切赶快告诉身边人，如果不带领亲朋好友一起“发财”就会成为“千古罪人”似的。

尤其是他们口口声声说自己不是传销，久而久之也就认为自己真的不是传销，而是从事政府“暗中支持”的项目了；即使遭到政府取缔、媒体揭露，也认为这只不过是政府出来“做做样子”的，真是可悲又可叹。为什么会这样？就是因为**这些人经过洗脑后已经失去了自我思考和怀疑的能力，洗脑后自己已经“无脑”了，说什么都信**。

越是惊险越向前

过去有句话叫“莫道前途无艰险，越是艰险越向前”。如果说这表现出的是一种革命的大无畏精神，那么改动一个字变成“越是惊险越向前”，就可能变成了纯粹的追求刺激，现在的说法叫“不作死就不会死”。

在庞氏骗局中，往往存在许多这样的情况——骗局的一方或双方并非不知这是陷阱，但就是有人喜欢赌一把；就像游览野生动物园猛虎区时规定不能下车，有人依然喜欢冒险一把，最终被老虎撕咬成碎片一样。

例如，2013 年刚刚审结了当时全国最大的网络传销案“万家购物”，与此模式完全相同的“趣购购物商城”就卷土重来，截至 2016 年 8 月短短 2 年半时间里，依然从全国 20 多个省市吸引到近 7 万个商家加盟、无数消费者蜂拥卷入。这种模式吸引人的手段很简单，就是高额回报，打出的旗号是“消费 1000 元送 600 元”；并且放出豪言壮语说：“地球不会爆炸，人们的消费就不会停止，我们的钱就会永远送下去……”

具体承诺是：所有商家都可以免费成为其加盟商，加盟后按销售额向“趣购”上缴10%的提成；换句话说，相当于实际销售价格打9折。由于商家加盟后能够带来大量的客源，所以对此求之不得。而“趣购”每天收到这10%的提成后，会拿出一半即5%回赠给消费满1000元的顾客（其余的5%是不是自己截留了不得而知）。而对于顾客来说，在“趣购”购物每满1000元可获得600元返利，就按照前面所说的方式每天返赠，每天的返赠金额并不确定，什么时候返完也不知道。2016年春节前后每天的返赠额是1元左右，换句话说，你购物1000元所得返利600元理论上要600天才能全部拿到手。

这种操作手法就属于典型的庞氏骗局。这在本书第一章中的《投资理财历来是个技术活》一节中已经以“云联惠”为例说得很透了，其实质在于拆东墙补西墙，完全是拿后来者的购物款在支付对之前购物者的承诺。更不用说，其中虚假做单比比皆是，例如商家并没有顾客来购物，而是直接上缴100元、虚构1000元消费额，然后就坐等平台的600元返利，相当于用100元钓取600元，这就必然会加速这种模式的崩溃。

所以，“地球不会爆炸，人们的消费就不会停止，我们的钱就会永远送下去”这样的解释和承诺，不但苍白无力，而且是建立在假设参与该活动人数规模越来越大基础之上的，实际上根本不可能做得到。

例如，就在2016年七八月间，“趣购”已经至少两次暂停了这种返赠行为。一些参与者私下表示，以前想挣6倍、现在看来只要能保本就行了，能多撑一天是一天、回本一点是一点。①

---

① 王子辰：《高额赠送网站涉嫌庞氏骗局或崩盘，虚假“做单”泛滥》，载《经济参考报》，2016年8月26日。

拓展阅读

投入小7万梦想赚千万

在江苏工作的王某有一天接到朋友肖某的电话，说他辞掉了原来在浙江的工作，现在合肥滨湖新区上班，欢迎有空去玩。

接下来正好有个小长假，于是王某兴冲冲地去了肖某那里。肖某当天并不主动谈论自己的工作，而是带着王某到处游览，第二天一早才告诉他自己从事的是一项投资69800元很快就能赚回1040万元的生意，并希望两人“一起发财”。王某一听感到有些害怕，马上在手机上搜索“滨湖新区”“1040万元”等关键词，跳出来的“传销”两字让他吓一跳。他马上如实相告，说自己是个胆小的人，永远不会做家里第一个搞传销的。

肖某更正他说这叫“自愿连锁经营行业”，并且安抚他说，过去他也一样排斥，但是听了几天课以后觉得很有收获；并且他说已经和别人约好了，一块儿过去看看，如果真的不愿意加入再说。

王某虽说心里很害怕，担心没收他的身份证并把他扣押在那里，可是在这种情况下别无选择，只好跟着去上课。而其实，这就是他们入伙前5~7天的所谓“行业考察”期（说穿了就是“洗脑”），但并不强迫。在此期间，“行业”每天都会安排不同的人一对一地给他讲课，上午和下午各两节课，有时候晚上还有一节。每节课两个小时，主要是讲解，同时鼓励他当场提问、他们解答。慢慢地，王某放松了警惕，因为他们每个人都很客气，自己吃住又都在肖某家里（合租房），甚至不用自己掏一分钱。只不过不能与别人包括当地人交流，出门后遇到“行业”里的人也要装作不认识，更不准喝酒、下棋、打桌球，没有电脑，但允许玩手机。

在这几天时间里，他们动不动就把这个项目往“国家项目”上靠，王某觉得越听越不靠谱，甚至漏洞百出，只是对方语气还算诚恳、思维也很清晰，并且又没有强迫他非要参加，只是一再启发他“思考”“求证”，说得王某整天晕乎乎的。

对方说，参加条件是必须申购至少 1 份、最多 21 份产品，金额是 3800～69800 元（第一份 3800 元，其中包含 500 元产品费用，从第二份开始每份 3300 元）。每个人入伙后需要寻找 3 个伙伴（下线），这些下线以及他们的下线的申购份额都可以累积到自己的份额上；等到份额满足一定数量便可以晋级。只不过，在晋级经理和老总的时候，除了考核份额之外，还要看能否带动当初的合作伙伴一起发展。比如要当老总，除了份额要累计 600 份，还要看是否培养了 3 个经理。那不用说，这样一来就为他们控制“上总”数量提供了方便。

69800 元投入怎么会最终变成 1040 万元呢？根据对方描绘的“五级三阶制”方案，“五级”是指实习业务员、组长、主任、经理、老总，区分标准就是申购份数；“三阶”指的是三个晋升阶段，前三个是同一晋升等级，后两个各自是一个等级。不同的等级决定“月工资”水平。“行业”除了上缴 45% 的“国税”，其余的全部进行分配。实习业务员的工资不到 1000 元，老总仅仅效益分红每月就可拿到 6 万～10 万元，这还不包括六位数的“月工资”。至于究竟是怎么晋级的，计算过程异常复杂，谁听了都会如坠云雾；而他们要的当然也就是这个效果。如果谁都能听得懂，反而说明他们的这些理论不够深奥了。

学经济学的王某很清楚，这个“行业”这样做本质就是庞氏骗局，通过不断让后面的人为之前的人埋单，谁能保证他不会成为最后的那一块垫脚石呢！王某每次上课时都会问到这个问题，但从来没有人正面回答他，只是一味地暗示这是“国家支持”项目。于是他突然意识到“谎言千遍便成真理”，如果自己在这里再连续待上几天，就一定会被同化。

于是王某第四天坚决要求离开，谎称来时就已经买好了返程车票。他发现自己怎么也说不过肖某了；对方上课的那套荒谬东西真真假假，自己也实在无力去进行考证。所以，王某临走时只好对肖某说，也许他还没开窍，所以对这个生意不是很感兴趣，但愿肖某在这儿能心想事成。王某唯一感到庆幸的是，临走时他们并没有拦着，只是一个劲地劝他入伙，但他已经彻底看穿这一套了。

而其实，在这个号称有10多万人参与的圈子里，几乎谁都没有见到过有成功拿到1040万元的“出局人”。①

① 董晓寒：《安徽合肥新型传销调查：宣称小投7万大赚千万》，载《中国经营报》，2013年10月29日。

道德观念上的灰色地带

任何骗局都由做局者和受骗者双方所构成。对于受骗一方来说，可能会由于认识不足、贪图利益、受到蛊惑等原因上当受骗；而对于行骗一方来说，其中相当一部分是道德观念有问题，即故意实施诈骗。

俗话说："不怕贼偷，就怕贼惦记。"如果有人尤其是亲友要故意骗你，你很难逃脱；而要防止这一点，你能做的只能是"亲贤臣，远小人"。

道德高地出现沦陷

与法律的硬约束相比，道德强调的是一种软约束。通俗地说，就是你只能对那些讲道德的人讲道德；如果对方根本不道德，讲道德对他来说就是没用的。就好比说，你会叫醒睡着的人，却永远叫不醒假装睡着的人。

2016 年 8 月轰动全国的山东准大学生徐玉玉遭电信诈骗猝死案，6 名嫌疑人均来自福建或在福建长大，其中 3 名来自"诈骗之乡"安溪县，当地村民居然"以骗不到钱为耻"。

言归正传。这些年 P2P 网贷平台中有相当一部分属于庞氏骗局，它们从设立之初就是为圈钱而生的，所以早晚要跑路。当其中一家稍微讲点"道德"的平台被网友戏称为"最具业界良心"时，还是令人有些新奇。

那是位于山东省日照市的 P2P 网贷平台鑫利源投资咨询有限公司，

2015年11月23日跑路时特地在官网上发布一则“跑路公告”，内容是两张已经清空的办公室照片；而在此之前的10月1日，该平台已经发布过一则“清盘公告”，称由于运营思路出现问题导致股东撤资，且线下业务产生坏账，加上之前一段时间遭人恶意举报，“经慎重考虑后决定清盘，所有的提现于10月31日之前处理”。这表明，该平台还是愿意偿债的。

经查，该公司成立于2014年12月，可是2015年7月就被列入经营异常名录；而平台8月3日才上线。也就是说，它只运作了3个月便跑路，很可能是早就预谋庞氏骗局了。从道理上讲，发布“跑路公告”属于信息披露，并不违法，只有真正发生跑路行为才是违法的；但这一做法也显示出该平台的不成熟，与是否有“道德”无关；因为从道理上讲，这时候发布停业公告及相关后续安排才是更合理的。①

这里顺便插播一下P2P网贷的概念。所谓P2P网贷，是指通过网络进行的个人对个人的贷款。P2P的英文全称是Peer to Peer（个人对个人），网贷是指网上信贷。在这其中，通常会涉及四个方面：投资人、借款人、撮合平台、合作机构（如担保公司，资金管理公司等）。目前P2P网贷最典型的模式是“按日计息，按月付息，到期还本”。

话说故意设置骗局的道德高地为什么会沦陷？说到底是金钱成了某些人的终极主宰，无论农村还是城市都进入了“笑贫不笑娼”的时代。

在过去，人与人之间的贫富差别主要体现在能不能吃得饱。当人的赚钱能力和空间部分释放后，**一部分人先富起来，会令其他人迫于竞争和生存压力去拜金。一些有足够资源拱卫自己体面的人看上去会有“道德”，而更多的人则把道德视为虚词，因为它不能解决自己最关心的实际问题。**举例说，一位年薪15万元的人买早饭路过时看到地上掉着的1元硬币，就

① 余雪菲：《一P2P平台高调发布跑路公告》，载《京华时报》，2015年11月26日。

可能不会与同时看到的环卫工抢着去捡。

许多行骗者特别看重与周围人相比自己的财富是多是少。在立案、破案率很低也即被抓住的可能性很小的背景下，他从事骗局失去的只是道德枷锁、获得的却是用金钱标价的享受和身份，又何乐而不为呢?

说到底，法律是上等人制定的，而庞氏骗局的做局者很少有上等人，他们更不会拥有制定法律的权力。就好比城管群殴小贩，网上哪怕再群情激奋，城管内部依然会认为这是惩治占道刁民的必杀技。**对于庞氏骗局的行骗者群体（包括高层以及所有上线）来说，用道德标准来指责他们基本上不会有效果，因为任何价值体系评判某个群体时都会“帮亲不帮理”。要想根治或减少庞氏骗局，首先要提高识别能力、远离不劳而获；其次才是法律，但这也不是灵丹妙药。**[①]

花别人的钱不心疼

庞氏骗局的一大特征是花别人的钱，反正不用花自己的钱，于是不花白不花、花了也白花。到最后，最倒霉的是谁就一清二楚了。这种情形无论是个人、组织还是在政府中可谓比比皆是。为了说明问题，这里举一个读者最熟悉不过的、我国数量有好几千家的团购网加以说明。

所谓团购网，是指专供集体采购的网络组织平台。通俗地说，就是一群互不相识的顾客借助于互联网的力量来聚集资金，从而提高与商家的谈判能力，其中最主要的是要取得最优惠的供应价格。而商家根据量大价优、薄利多销的原则，也确实会给予较低的价格折扣和个性化服务。

而这样一来，团购网要想获利就必须使用两大必杀技：

① 孙旭阳：《道德是如何在“诈骗之乡”失效的》，腾讯网，2016 年 9 月 3 日。

一是争取越来越多的顾客，因为只有顾客数量多了，平台才会更多地拥有与商家谈判的话语权。在这其中，团购网最惯用的伎俩是给顾客价格补贴，如某团购网开出的条件是满 20 元减 7 元、满 35 元减 12 元、满 50 元减 18 元……这也就意味着这家订餐平台只要有人订餐，就必须给每个用户补贴至少 7 元钱。7 元钱虽然数额不大，可是对于一个上班族来说就是一天的交通费了，不省白不省；而顾客呢，在“省钱就是硬道理”的号召下，也会谁给的价格优惠就去找谁，忠诚度极低，从而让团购网走上这样一条不归路。

二是争取越来越多的商家，因为只有商家数量多了平台才会给顾客提供更多的选择、吸引更多顾客。所以能看到，经常有不同团购网站的地推员工在“扫街”抢夺餐馆时大打出手；一旦抢到餐馆名单，便要求签订排他性协议，以此来巩固市场。而这样一来，就使得这些餐馆“皇帝的女儿不愁嫁”，开出的条件越来越高，更妄谈后面的产品质量了。它们有恃无恐，你不要我，自然有人要，胃口吊得高高的。

理想的状态是，团购网在这两头压榨中“吃了原告吃被告”，从中分到一杯羹，并且这块利益越来越大。例如，团购网相对成熟的盈利模式有以下 7 种，分别是商品直销、活动提成、商品展销、广告宣传、出售会员卡、分站加盟、融资收益。但这只是一种理想状态，为什么？因为无论是前面的争取顾客还是争取商家，它都必须巨额烧钱才行。

钱从哪里来？主要是那些一轮轮的风险投资。虽然团购网现在不但没有盈利，而且还巨额亏损，可是这些天使投资和风险投资的脑袋瓜就是与人不一样，它们打出的口号是不在乎你现在有没有盈利，而是更关心你 15 年后的发展。可是，15 年以后的事情又有几个人能看得清呢？于是它们只管烧钱，而且是比赛烧钱，似乎谁烧的钱多谁就越光荣、越伟大。

但归根结底，团购网的这种局面将无法维持下去。因为无论是组织还是个人，如果他本身没有造血功能，只能单纯依靠输血、靠呼吸机维持生命，一旦输血跟不上或拔掉呼吸机，马上就会一命呜呼。

例如，2015 年 8 月某团购网宣布融资 6.3 亿美元（约合人民币 36 亿多元，业内普遍认为这一数据水分较大，实际融资可能在 4 亿美元）；而另一家同行也据说一个月就烧掉 6 亿元人民币，年初融资的 6 亿美元估计已经烧得差不多了。令人担心的是，在这些团购网一轮轮天使投资你方唱罢我登场的热闹背后，就在每一轮风险投资投入时都希望后面有新的资本进来接盘，可是如果哪一天没人来接盘送至上市了，这个庞氏骗局马上就会垮台，马上会把最后一棒交给最终参与者。

别看 6.3 亿美元是个巨额数字，可是平均分摊到每个中国人头上还不到 3 元钱，所以，即使是这样的巨额投入依然看不到一点水花。试想，今后还会有多少个 6.3 亿美元会砸到这一眼望不到盈利前景的团购网、打车软件、外卖 O2O 上去呢？

接下来看看国外的团购网是怎么运作的。外卖鼻祖 Grubhub（美国一家订餐搜索引擎公司）主要是提供订单信息与技术，至于配送，是由餐馆自己或代理商完成的。在美国市场服务意识、诚信环境、规范化程度较高的宏观背景下，这种运作方式同样能够为确保服务质量提供保障。[①]

金融乱象致信用顿失

庞氏骗局一般都和金融产品有关，而金融产品尤其是互联网金融乱象丛生，势必会使得参与各方信用顿失。无论主动还是被动行骗者抑或是受蒙蔽者、旁观者，都会对该体系乃至整个社会失去信心。更有甚者，为了把自己受骗的损失找回来，还会摇身一变从受骗者变成行骗者，在原有庞

① 《外卖 O2O 烧钱“已到丧心病狂的地步”》，载《第一财经日报》，2015 年 8 月 31 日。

氏骗局中横插一杠，使得事情更加复杂化和扩大化。

以我国为例，最近两三年来一连串诸如“e租宝”“泛亚事件”“大大集团”“金鹿财行”“中晋资产”等互联网金融平台相继出事，商业社会中的信用体系已体无完肤。可以说，今后要经过相当长的一个时期进行疗伤，也未必就能好了伤疤忘了疼。如果说，过去百姓心里都有一杆衡量是非、真假的标尺，那么，现在确实被这些纷至沓来的庞氏骗局搞得真伪莫辨、心力交瘁了。

任何一个组织或个人都可以在没有准入门槛、没有行业标准、没有政策监管、没有金融背景的“四无”环境中，打着“互联网金融”的幌子从中捞钱，从事非法集资、自融自保、拆标、资金池，用后来者的钱去兑现对之前参与者的承诺，一旦出现问题就卷款潜逃；而直到这时候，出事平台才有可能部分被追责，而这时候无论怎么追责都已经无法挽回参与者损失了，这又如何不让全社会感到心寒呢？

不用说，在这其中，很重要的责任在于监管缺位。许多具有庞氏骗局特征、稍有经济头脑的人都能看出来这是诈骗或潜伏着巨大的风险，却在监管部门眼皮底下日益做大，是怎么也说不过去的。①

在北京，60多岁的尚某从2009年起就以经营磁疗产品为名，以高额返利方式在北京、山东等地发展多家加盟店，号称每购买一单5500元的产品两个月内就能全部返回购物款本息，第一个月返回3000元，第二个月返还2950元；加盟店每拉到一单则可获得100元。这种明显离谱的荒唐骗术，居然有人积极参与，并缺乏及时监管。北京一家第“131店”加盟店，2010年3月—2012年3月短短两年间就通过这种方式非法吸收资金2300多万元，给参与者造成损失1990多万元。②

---

① 朱开云：《互联网金融乱象摧毁了信用体系》，载《北京青年报》，2016年4月11日。

② 颜斐：《四名六旬老人非法吸存2300万》，载《北京晨报》，2016年10月6日。

目前，社会上类似这种以销售产品为名的庞氏骗局并不少见，政府应露头就打，否则必定会损害全社会信用，导致问题变得更为复杂。

拓展阅读

兔子专吃窝边草

庞氏骗局令人诅咒的原因之一，在于骗的都是身边的至朋亲友。你把平时最信任你的亲友全都得罪光了，去成全你的发财梦想，这在任何国家、任何时代都会令人不齿；更何况，许多时候你的所谓财富只是挖肉补疮，从自己父母、亲朋好友的身上转移到你的口袋里来，或者你拉他们一起下水变成穷光蛋。

2008 年 11 月，毕业于哈佛大学心理学系的亚裔女生、已经在美国华尔街干了 10 年的朴海娜（Haena Park），不知是为了证明自己的投资能力，还是找不到别的办法挣钱了，以个人名义在美国排名第一的网络经纪商盈透证券开了个交易账户。要知道，当时美国正在爆发金融危机，此前两个月华尔街上只剩下了高盛和摩根士丹利两家投资银行，到处徘徊着大量的失业人群。

盈透证券的操作杠杆率一般在 50 倍左右，每天的交易对象是 19 个国家的外汇、股票、期货、期权。朴海娜的操作杠杆估计要远远高于它，而且进出频繁，可最终的结果却是投资惨败。这难不倒朴海娜，关键是她要拥有足够的翻本资本。就是在这样的心态下，她开始了庞氏骗局。

2010 年春天，美国经济已开始企稳，她觉得自己翻身的机会来了。从 2010 年 1 月开始，她编造投资业绩、骗取大家的信任，用高收益率来引诱亲戚、朋友和过去哈佛的同学进行投资。例如，当时她声称她在 2009 年 11 月金额为 100 万美元的第一笔投资回报率高达 393.2%，到 2015 年 2 月

27 日时已增值到 477.82 万美元。

为了增添光晕，她还在 2015 年 5 月成立了 3 家投资公司，自己既是董事长又是首席投资官，让另一名亚裔男子同伙向监管机构报送虚假材料。

在接下来的 2013—2014 年中，这 3 家公司中有 2 家公司更名，同时又注册了另外 3 家基金公司。这样的规模给骗取参与者信任提供了方便。再加上哈佛大学毕业、在华尔街工作 10 年的背景，以及十分诱人的高回报率承诺，以至她的同学、朋友居然没什么警惕就轻易地给予最大的信任。因为在他们眼里，她一直是一位非常成功的外汇和期货交易员。

但显而易见，这种好印象全都是假的；不但如此，5 年来她的公司没有任何实质性经营活动，她的投资交易从来就没有成功过。实际情况是，上述这笔投资她最终亏了 1013 万美元。但为了能够吸引到公众投资，她只好编造谎言误导参与者。为了圆谎，她每月都向参与者提供利用虚假数据编造出来的虚假声明，向当时或之后的参与者报告虚假基金交易盈利。而那些并没有造成损失的资产，却被她冒用参与者名义来帮她支付信用卡账单、提取现金或随意开支；同时，用部分后来参与者的资金支付对之前参与者的回报承诺，就像其他典型的庞氏骗局一样。那些亲朋好友从来都没有发现过有什么问题，似乎也从来没有人怀疑过她。

2016 年 4 月 1 日，美国商品期货交易委员会认为她上报的文件有疑点，继而进行现场检查，终于把这一骗局暴露于世。6 月 6 日，美国商品期货交易委员会和美国证券交易委员会分别向朴海娜提起民事诉讼，指控她涉嫌以庞氏骗局方式诈骗亲戚、朋友以及哈佛大学的同学 2300 万美元（约合 1.52 亿元人民币），要求全部归还参与者的资金、吐出非法所得、缴纳民事金融罚款，并永久性禁止参与期货交易。①

① 《哈佛毕业，华尔街 10 年，她设了个庞氏骗局骗了 1.52 亿》，环球老虎财经，2016 年 6 月 25 日。

怎样识别钓鱼或钓愚

“钓鱼”和“钓愚”是两个完全不同的概念，但却有相通之处。一方面，这些“鱼儿”通常都贪小便宜或梦想不劳而获、一夜暴富，所以哪里回报率高就往哪里去，全然不考察该项目是否真实、是否可行，万一兑现不了承诺怎么办。从这个角度看，可以说他们是“愚昧”的，甚至“愚不可及”。另一方面，“愚昧”的人往往都一叶障目，只看到眼前许下的高回报率，却忘记了后面潜伏的风险；有时仅仅凭常识就知道这是骗人的鬼话，也会不可思议地全身心投入，令人不得不捏一把汗。

当然，这里的重点并不是去抨击他们，而是探讨怎样防患于未来。

大道至简，不纠缠概念

互联网时代信息爆炸，人们总以为人更聪明了，其实不然，因为这也会造成人的认知缺陷。正如美国马赛诸塞州大学博士、加利福尼亚州圣玛丽学院教授徐贲所说：“互联网时代，许多人知识丰富，不是变得越加开明、公正，而是变得越加偏执、狭隘和头脑禁锢。他们根本不具备与知识增长相匹配的理解力，不懂得如何独立提问、价值判断、批判思考。互联网时代，许多人知识增长、理解力倒退，这成了一种常见现象。”①

① 徐贲：《互联网时代的知识和“知情公民”》，腾讯网，2016 年 9 月 14 日。

庞氏骗局除了许诺高回报率，还偏爱用各种各样的时髦概念把参与者搞得晕头转向，以此显示自己“知识渊博”“知识更新得快”。一方面，他们希望以这种方式让人觉得这种模式新潮、非常深奥，不是一般人看得懂的，也不需要你看得懂，你只要关心高回报率就行；另一方面，也是想通过这种方式先把你搞晕（洗脑），然后毫无主见地跟着他们走。

有鉴于此，你在遇到对方抛出一连串新颖而时髦的概念时，完全不必抱着一种好学不倦的精神非要把这些概念弄清楚；相反，有些弄不清楚的概念干脆不去关心好了。说实话，许多概念连专家学者都莫衷一是或相互矛盾，你又有什么必要非要去厘清呢？

正确的态度是相反，如果你用常识理解不了这些概念，那你就把它丢在一旁好了，绝不要把自己的投资当“风险”投资去对待。与此同时，你也完全不必按照他们的思路走下去，否则就会中了圈套。相反，这时候你只要坚持问两点就行：一是你如何确保高回报率得到兑现，也就是说你的高回报率是怎么来的？二是如果兑现不了承诺，怎么办？

回报率高得离谱不现实

投资追求高回报率是人之常情，也应当作为投资者选择方案时的主要参考。但这里有个问题，那就是：投资回报率越高，投资风险也越大。所以，在追求高回报率的同时，一定要衡量其风险是否在你能够承受的范围内。每个投资者所承受的风险程度不一样，这也是稳健型投资和激进型投资的主要区别。如果你能承受这么高的投资风险，那么这种在此基础上的高回报率在你来看就是可以触碰的。

总体来看，年投资回报率不会高于 GDP 增长速度，2016 年时不超过 7%。归根结底，投资回报率（利息、债息收入）是分享经济发展成果的一部分。就好比说，某家企业取得银行贷款的利率不会超过它的盈利率一样，否则这种贷款从经济上看就失去了意义；国家也是如此，如果平均投资回报率高于 GDP 的增长速度，就全社会而言是不可思议的。

从绝对数看，当你的年投资回报率超过 12% 时就要加倍小心了，因为这意味着超过了 GDP 增长速度 7% 的 0.7 倍；如果年投资回报率超过 20% 就要考虑是不是骗局了，即使不是骗局最终造成“赔了夫人（利息）又折兵（本金）”的可能性也非常大，因为这已经超过了 7% 的 2.4 倍。

如果你觉得这里的 0.7 倍和 2.4 倍“数字都不大”，这只能说明你对数字不敏感，或者没概念。尤其是有些庞氏骗局宣称“月息 2 分”（2%）的时候，就意味着年复利率高达 $(1+2\%)^{12}-1=26.8\%$ 了。

大科学家阿尔伯特·爱因斯坦曾经把复利称为“世界第八大奇迹”。这里先看一则古老的案例：

古代印度有一个国王生活很空虚，于是一位老人带着他发明的国际象棋觐见国王。国王第一次看见这玩意儿感到新奇，于是便与老人对弈起来，一上手便放不下了。高兴之余他对老人说，为了奖赏你，你想要任何东西我都可以满足你。

老人笑眯眯地说，其实我的要求并不高：请陛下下令在棋盘的第 1 格里放上 1 粒小麦，第 2 格里放 2 粒，第 3 格里放 4 粒，第 4 格里放 8 粒……一直放到第 64 格满为止。

国王一听有些不高兴了，说你就这么一点出息，就这样小看我。但他最终还是尊重老人的要求，令人抬来了一袋小麦，按照上面的要求去放。结果发现，一袋小麦很快就掏空了，然后再取来一袋又一袋，直到国库里的小麦快要搬空了，还才放到第 50 格，离第 64 格还差得很远。

这时候国王凶相毕露，以为老人是在戏弄他，便下令把老人杀了。

国王当年搞不清楚的这道数学题，现在当然可以很简单地算出来，那就是要放满这 64 格棋盘，需要 18446744073709551615 粒小麦，约合 820 亿吨；即使按照现在全球的小麦产量来看，也要生产 550 年。不要说这位国王了，从古到今谁都无法满足这一要求，这就是复利骇人的地方。

现在来看庞氏骗局中承诺的回报率。初看起来，好像只有百分之几，似乎并不高，但实际上许多都是根本不可能实现的。举例说，承诺的月息是 10%，如果真能兑现的话，一年后连本带息就是 $(1+10\%)^{12}=3.14$ 倍，2 年后 $(1+10\%)^{24}=9.85$ 倍，3 年后 $(1+10\%)^{36}=30.91$ 倍，20 年后是 $(1+10\%)^{240}=8594971441$ 倍。也就是说，如果你现在投资 1 万元人民币，一年后连本带利可获 3.14 万元，两年后 9.85 万元，三年后 30.91 万元，二十年后是 85.95 万亿元。

先别被数字之大所吓坏。要知道，2015 年全球 GDP 总量排名第一的美国是 17.87 万亿美元，排名第二的中国为 10.42 万亿美元。如果按照 2015 年 12 月 31 日的人民币兑美元汇率中间价 0.1541 计算，你这 85.95 万亿元相当于 13.24 万亿美元，绝对是富可敌国了。更准确的数字是，你如果在 1995 年 3 月投入 1 万元在这样的项目上，就这么滚上 19 年零 10 个月就能变成 71.03 万亿元人民币，超过 2015 年中国全年的 GDP 总值；再早投入 6 个月，也就是在 1994 年 9 月投入这 1 万元，2015 年年末就能变成 125.84 万亿元人民币，超过 2015 年美国全年的 GDP 总值。这可能吗？要知道，这还是你当时才投入 1 万元，如果你投入 2 万元呢？

反过来，世界上有月回报率高达 10% 的投资项目吗？有，而且肯定有，但这里有两点：一是这样的项目数量绝对少，并且不可能长期保持这么高的投资回报率；二是这种富可敌国的高回报率项目绝对不会主动找你要投资，更不会绞尽脑汁骗你来投资，这就是俗话所说的“卖的比买的精”。

庞氏骗局的数学模型

所有庞氏骗局都有基本的套路。虽然它们神秘莫测，但如果从旁观者的角度来考察，还是有一些共同特征可供读者总结和识别的。

上海谦象管理投资有限公司 CEO（首席执行官）许哲等人，曾经搞了一个针对庞氏骗局的数学模型，如下：

$$N_{(n)}=I_{(n)}-O_{(n)}=I_{(n)}-\left[P_{(n)}{}^{N(n-1)}+N_{(n-1)}{}^{r}\right]$$

式中：

$N_{(n)}$**——做局者当月的现金流；**

$I_{(n)}$**——每次投入的函数；**

$O_{(n)}$**——每次提款（包括本金和利息）的函数；**

$P_{(n)}$**——提款意愿（每次提款与投入之比）函数；**

r**——承诺的固定回报率；**

n**——参与次数。**

当然，这种模型只是一种理论推导，其中的各项数据如投入金额、提款金额、提款意愿等通常都很难收集得到。但与此同时，庞氏骗局的这一套通常又是有规律的。所以，下面的数据都是基于一种大胆设想，但却又不完全是毫无根据的：

庞氏骗局的参与者开始时都会非常小心，小额投入、小心翼翼，毕竟他们辛辛苦苦赚这些钱来也不容易。可是当经历了 3 次都能兑现承诺后，就会开始变得胆大起来，并且会疯狂追加投入，甚至动员亲朋好友、用借贷资金投入用于套利，以最大限度地“享受”这种高额回报。尤其是在成功实践 5 次之后，几乎会将自己所有能动员到的资金全部投入，这时候的杠杆也达到最大化；而在此之后，便会考虑有所收敛。

至于上面提到的提款意愿，则与融资能力相关。这种意愿一开始会非常强烈，并且通常会在第一次尝试后就要求取回利息，目的主要是看看这样是不是真的能赚到钱，测试一下这究竟是不是自己原来心里担心的那种骗局。不用说，做局者也绝对明白这一点，所以，开头的几次总会千方百计满足参与者的要求。而当参与者一而再、再而三地尝试到“成功”、眼看“考验”目的已经达到，尤其是在成功尝试 10 次左右后，一般便不会再要求提取利息了，而是寄希望于利滚利，除非以后实在需要用钱时才会提出提款要求来。而这时候的做局者又何尝不希望你把钱存在这里呢，他们嘴上虽然也会表现出一副无所谓、你什么时候要兑现承诺都可以的样子，但实际上总会明里暗里拖延你提款。

大约到第 18 次时开始出现拐点了，因为这时候资金流入的速度几乎接近于零。也就是说，这时候真正的资金压力开始出现了；到第 36 次左右，会出现负增长，也就是说做局者要面临亏损了，并且这种亏损速度会非常快。从实践中看，一般到第 18 次也就是做局者收入速度滞涨时，便开始考虑跑路了。只不过并不是他想跑就跑得了，后面还有许多事情要了结；所以，考虑到这一因素，大约到第 32 次时，跑路条件已完全具备。

重申一遍，以上只是一种理论推算，实际情况要比这复杂得多。例如，做局者也未必就懂这套理论，参与者更无从了解他们的背景和内心，以及骗局目前处在什么阶段，即总体上已经到了第几次资金投入。但有一点很清楚，那就是**参与者如果觉得自己资金投入能力达到上限、提款意愿增强，很可能就意味着离该骗局的拐点不远了；如果接下来正好有银行加息等因素导致市场融资环境发生改变，拐点很可能会突然来临**。

这恐怕也就是为什么每当出台货币紧缩政策，就会发生股市暴跌、一大批P2P网贷平台跑路的原因。[①]

拓展阅读

点点鼠标年收益率40%

互联网行业有一个约定俗成的公式：用户=流量=钱。意思是说，某网站平台的用户越多，流量越大，广告效果越好，网站从中获取的收益也越多。虽然这只是一种可能，但互联网平台在追求点击率上可谓是用尽了浑身解数；不过，虽然如此，能否把这种点击率换到足够多的金钱、弥补其成本开支是未知的。

正因如此，即使是谷歌、Facebook（脸书）等全球著名网站虽然也在"以广告点击率换收益"，也依然不敢将真金白银轻易地送给用户。但南京一家从零起步的互联网公司钱宝网，步子走得却比它们要大得多。

它的具体做法是：当用户注册成为钱宝网的会员并缴纳一定数额的保证金后，便可以到"任务大厅"领取任务，如观看广告、填写问卷、试玩游戏等，一切任务都与收益挂钩，只要完成任务便可获得一定收益。例如：新注册用户在绑定手机和银行卡后便可直接提取20元现金，每日签到能获得0.6元签到奖励，推荐新人注册可获得4～30元奖励，春节抢红包可以直接抵换相应面值的电影卡、游戏点卡、网购商品等。如果你缴纳10万元保证金，并且能保证每天完成一定量的"看广告"任务，每月便可获得最低4000元、最高甚至超过1万元的收入。

应该说，这对参与者的吸引力是相当大的。不就是"看广告"吗？

---

① 许哲：《数学模型教你一招看穿一切旁氏骗局》，载《汇商》，2015年4月7日。

“看广告”谁不会？一边看一边乐呵，每月最低还可有4000元、全年最低48000元相当于48%的保底收益率，这可比任何投资项目要好，比辛辛苦苦打工还可能讨不到工钱要强多了。于是乎，大量资金开始注入该网站。截至2016年2月20日，成立于2012年的钱宝网自称会员规模已达7600万人，2015年现金流220亿元，日均交易额最高突破7000万元。

而实际上，钱宝网更像是一个“P2P网贷+微商”平台。在该平台上运营的货币是虚拟货币“钱宝币”，与人民币的兑换比率是100∶1，即100钱宝币兑换1元人民币；提现时，账户余额必须大于2000钱宝币（20元人民币）才能提出申请。

总体来看，参与者从该平台上获得的收益由4部分组成，分别是任务收益、签到收益、推广收益和体验任务收益。其中，任务收益和推广收益占30%～40%，而获取任务收益的前提是需要缴纳50万～100万元保证金；参与者如果要参加进阶玩法，则需要更多真金白银的投入，如领取2016年推荐的某热门任务便需要提前缴纳保证金52万元人民币，该任务期限21天，每天需要观看一组相关广告。参与者完成该任务后，按承诺能得到10700元人民币的奖励，完不成则需要扣除5380元人民币。据了解，该平台期限最长的任务是98天，保证金50万元人民币，奖励额3.14万元人民币，最高时年化收益率超过40%。

正因如此，该平台QQ群内经常会提及诸如某人“2013年投入10万元本金，今年买了一辆30万元的凯迪拉克”这样的成功案例，事实上投入高于10万元的大有人在。而要加入钱宝网的大咖QQ群，还须报上账户里的资产、账号（或手机号）、充值金额、全站排名截图等进行“实名制”认证，如果对该品牌有质疑或多日潜水不做“任务”，随时会被踢出。

现在的问题是，钱宝网凭什么能给参与者这么高的回报呢？从表面上看，当然应该是参与者参与各项活动所创造的价值，以及收取保证金用于再投资所获得的收益了；这两部分收益至少要覆盖前面48%的年收益，因为平台本身也是需要盈利的。

但有一条规定至少会令人不安：如果参与者不在账户里充入一定数额的资金，那么你所看到的任何收益都完全无法变现；另外就是，在没有正式把收益提现到你的银行账户之前，你所拥有的这些高额收益其实都只是平台里的虚拟数字，一旦平台突然停转，你将会变得一无所有。①

① 《钱宝网商业模式起底：创新奇葩还是庞氏骗局》，搜狐网，2016 年 2 月 24 日。

靠天靠地不如靠自己

每当庞氏骗局被揭穿后，总会有太多的受害者捶胸顿足，甚至责怪政府部门为什么不早点出面进行干预，或者为什么不早点把他们抓起来、不让他们继续害人。其实，这种说法并不完全占理。更何况，很少有看到骗局未揭穿时参与者主动报警的，除非是卧底。

当然啦，这样要求参与者未免过于苛刻。因为报警需要有证据，有效证据包括用于转账的银行卡、高层人员名单和住址；可是，要取得这些证据难度相当大，否则你的级别恐怕在“五级”中处于B级了，这时候的你考虑更多的会是如何更早跨入A级，哪里还会愿意去报警呢。

庞氏骗局无处不在、无时不有，并且想方设法变着花样在对你软硬兼施。这时候，最关键的还是要靠你的识别能力和抵制力，不一叶障目，不因小失大。

“一行三会”各有监管范围

众所周知，与钱相关的政府监管机构主要是“一行三会”，即中国人民银行（以下简称“央行”）、中国银行业监督管理委员会（以下简称“银监委”）、中国证券监督管理委员会（以下简称“证监委”）、中国保险监督管理委员会（以下简称“保监委”），它们共同承担着整个货币政策和金融市场的稳定。

但这是从总体而言的；具体地，它们又都有着明确的行业分工和被监管对象。所以，不要指望通过“一行三会”的防微杜渐就能彻底根除庞氏骗局，这是非常不现实的，这在全球任何一个国家从来都做不到。

例如，从“央行”角度看，维护货币政策和金融市场稳定当然是它的天然职责；可是，任何一个庞氏骗局，无论它的资金规模高达数百亿元人民币还是数百亿美元，在“央行”眼里都是“小儿科”，未必能达到动摇金融市场稳定的地步。所以，超然的“央行”一般不会也没必要直接插手监管这样的事情。

从“三会”角度看，它们三者之间不但具有明确的分工，而且还有着明确的行业和被监管机构对象。以“银监委”为例，打开“银监委”官方网站能看到，它的监管对象包括并且也只限于以下 16 类、1104 家机构（截至 2016 年 9 月）：

我国银行业金融机构名单

序　号	类　别	对　象	数量（家）
1	政策性银行	国家开发银行等	3
2	国有商业银行	中国工商银行、中国银行等	5
3	股份制商业银行	中信银行、平安银行等	12
4	邮政储蓄银行	中国邮政储蓄银行	1
5	城市商业银行	北京银行、江苏银行等	132
6	农村商业银行	无锡农村商业银行等	137
7	农村信用合作银行	江苏新沂农村合作银行等	15
8	农村信用合作社	河北省农村信用社联合社等	67
9	三类新型农村金融机构	宜兴阳羡村镇银行等	374
10	外资银行	汇丰中国、渣打中国等	46
11	信托公司	中诚信托、中信信托等	68
12	财务公司	中海油财务、中石化财务等	187

续 表

序 号	类 别	对 象	数量（家）
13	金融租赁公司	中国金融租赁等	27
14	汽车租赁公司	丰田汽车金融公司等	19
15	货币经纪公司	中诚宝捷思货币经纪公司等	5
16	消费金融公司	北银消费金融公司等	6

由此可见，如果要指望“银监委”来帮你把关只能是一厢情愿，因为这根本就不是它的监管范围，其他两家“证监委”和“保监委”也是如此。所以，通常的做法是，如果你向它们投诉，它们的第一反应会是“这不归我们管”。

接下来怎么办？通常的原则是“谁设立、谁监管、谁负责”，通俗地说就是“谁养的儿子谁家管”。可是，如果这家机构或个人存心要从事庞氏骗局，你又怎么可能指望它管教好儿子、把你的损失还给你呢？

公安机关主要打击刑事犯罪

公安机关的主要职责是维护社会稳定。经济纠纷在警察眼里属于民事纠纷，哪怕已经上升到诉讼层面也是如此。只有符合以下两种情况，公安机关才会介入：一是群体事件；二是明显的违法行为如洗钱等。

从庞氏骗局看，它们往往打着推销金融产品、投资理财的旗号来开展“业务”；尤其是骗局刚刚起步时，与正常的经济活动并没有太大区别，所以很难要求公安机关具有火眼金睛并立刻阻止。说实话，即使公安机关掌握了他们的部分违法事实，也很难判断罪与非罪界限；只有当该骗局资金链断裂、卷款跑路了，这时候才会因为证据确凿而介入进来。

从这一点上看，也可以反过来证明：如果公安机关果断介入了某庞氏骗局案，就说明它已经掌握了部分铁证。比如，市场上有许多P2P网贷平台被人怀疑是庞氏骗局，可是公安机关却一直按兵不动，实际上很可能是因为他们并没有掌握确凿的犯罪证据；而在“e租宝”案件上果断且快速介入，很可能就如同财新网披露的那样，当时它的账上一共只剩下了20亿元左右的资金、并且有相当一部分资金正在流向东南亚地区，出现了明显的转移财产和洗钱行为，这时候公安机关就必须要及时介入了。

除此以外，当然也不排除部分地区公安部门的不作为因素。

处置非法集资办公室力有不逮

各级地方政府均有“处置非法集资办公室”这样一个临时性机构（通常设在政府金融办公室）；而国务院早在2007年2月就批准成立了“处置非法集资部际联席会议”，具体负责处置非法集资活动的组织和协调工作。

该机构由中国银行业监督管理委员会牵头，由国家发展和改革委员会、公安部、监察部、财政部、住房和城乡建设部、农业部、商务部、中国人民银行、工商行政管理总局、林业局、国务院法制办公室、国务院新闻办公室、中国银行业监督管理委员会、中国证券监督管理委员会、中国保险监督管理委员会组成。同时，邀请中共中央宣传部、最高人民法院、最高人民检察院等18个部门和单位参加。

国务院处置非法集资部际联席会议以及各级政府处置非法集资办公室在打击非法集资活动方面，在法规建设、监测预警、性质认定、处理善后、汇总汇报、宣传教育方面发挥了重要作用，但它主要是协调，并不具备执法权；同时，由于各类非法集资和庞氏骗局不但呈加速蔓延态势，而且是全国性甚至全球性的，这对地方处置非法集资办公室来说就力不从心了。

拓展阅读

空壳公司也敢发行原始股

陈某在工商部门注册了一家“厦门奥星生物有限公司”，注册资本50万元，开始时主要是零星销售一些化妆品和保健品。

后来，他遇到一位自称是香港冠隆投资顾问有限公司的李某。李某说他能帮陈某把这家企业进行包装，然后赴美国上市；但上市公司对股东数量有一定要求，所以建议陈某对外转让“股权信托受益权”，这项业务可交给他的“冠隆公司”负责。

就这样，李某以“奥星生物”公司副总经理的身份开始负责“股权信托受益权”转让业务，并且建立了公司网站用于对外宣传；同时，陈某以50万元的代价，将公司注册资本从50万元增加到5000万元，然后私刻公章、出具一系列虚假宣传资料，如企业法人营业执照、税务登记证、财务报表、民事股权信托约定书等，把企业打扮得就像一家真的上市企业一样，极具欺骗和诱惑性。

该网站上刊登了大量形象逼真的图片，如陈某与美国某投资集团公司副总裁在美国进行会晤的照片、国家领导人视察该公司的照片、国家领导人给该公司的题词照片、该公司赴美国上市签约仪式的照片等。

网站宣称，陈某拥有一家独资企业和四家控股子公司，是全国乃至全球唯一拥有“轻合金泡沫金属”自主知识产权的生产企业。近两年来的保健品产值超过8000万元，公司总资产2.52亿元、净资产1.83亿元；公司通过“股权信托受益权”转让方式获得的资金，将用于“轻合金泡沫金属”“种子浸泡液”两家高新技术企业，并且计划在两年内在美国上市，还载明了上市的具体计划。

就这样，这家没有厂房、没有产品、没有专利、没有科研团队，也没有下属企业，5 年来的应纳税额均为零，所有员工只有 5 人（其中 2 人是临时工）的公司，就这样堂而皇之地“拉人头”公开叫卖“原始股”了。

当然，这些内幕外部的参与者是很难了解到实情的。为了不被识破骗局，他们还故意把目标锁定为省外投资者，通过快递来邮寄“股权信托受益权证”；为了增强诱惑力，他们硬性规定转让的股权价格为每股 4.8 元，门槛至少是每人购买 1 万股但最多不能超过 10 万股，承诺将来上市后的最低开盘价是 4 美元（意思是说，未来的股价至少是现在的五六倍）。

案发后经警方查明，在短短 3 个月时间里，陈某共吸引全国 20 个省份的 52 名参与者共计 299.31 万元的资金，这些钱全都转入个人持有的 3 张银行卡内，收款后便瓜分一空。①

① 简俊东：《奥星生物科技骗局梦破海外上市》，载《21 世纪经济报道》，2008 年 3 月 25 日。

第五章

为什么前仆后继

饮鸩止渴。但又不能把责任完全推给个人。人类固有的贪婪、做局者谎话说得比真话还像真的、博傻思维、自发式盲从、大而不倒现象等，都在尽可能多地把一群群绵羊赶入羊圈任人剪毛。

亘古不变的人性

庞氏骗局自古有之、全球开花，令政府防不胜防，缺乏有效应对措施，其根本原因还在于亘古不变的人性在作祟。从这个角度看，哪怕是在一万年之后依然会存在这种骗局，可谓“野火烧不尽，春风吹又生”。

那什么是这种亘古不变的人性呢？举个实例吧：有人做过这样一个实验，钓鱼时鱼饵用完了，就随手在鱼钩上挂了一块脚边捡到的小肥皂。众所周知，鱼是不吃肥皂的，可是又有谁能保证河里没有傻鱼呢，就像人群中总会有一些傻瓜一样。一试，还真的把一条傻鱼给钓了上来。于是他得出结论说：**钓鱼时的钓饵十分重要，但同样重要的是要看有没有傻鱼；如果有，你就算用肥皂或其他乱七八糟的钓饵甚至空钩也能把它钓上来。这就是鱼性，不，是人性**。

有了知识却没了“头脑”

信息不等于知识。哪怕是在信息爆炸时代，也会人人都有知识缺陷，只是这种缺陷的分布面积大小、领域、程度不同罢了。如果一个人正好对识别骗局这一块缺乏理解力和判断力，那他就显然更容易上当受骗。这就是为什么我们看到，明明是很简单的骗术，却依然会有那么多精明一世的商人、见多识广的高级知识分子、养尊处优的离退休干部上当的原因。除了梦想不劳而获的心理因素，就与缺乏“头脑”（思考）有关。

为什么会这样？因为我们从小就缺乏辨别真假的能力，哪怕整个脑袋瓜里塞满了科学，或许也很少拥有一点点科学精神，因为科学精神的核心就是不怀疑不能见真理。整个学生时代包括幼儿园，所学的一切都只要求记住结论和结果，用相信迷信的态度来学习文化科学知识，因为只有这样才能得高分，才能得到老师的表扬。不需要你有自己的主见，哪怕是正确的观点；否则与“标准答案”不同就会失分，就不是一个“好学生”，就可能会高考落榜。进入大学后，虽然也会学到一点科学的研究方法，但回到生活中不一定能想到运用它，因为过去的惯性思维使然；更何况，这些科学的研究方法一般出现在教科书的“前言”或“绪论”中，这部分内容通常不考，所以老师不教、学生也不学。

哈佛大学资深研究员戴维·温伯格在《知识的边界》一书中写道，今天人们从互联网获取信息有两条工具性途径：一是利用电脑提供的无限大信息记忆上网搜索；二是利用社交手段借用朋友们的选择或引导。这两种途径常常结合在一起，但更偏爱从社交媒体上获取信息。因为互联网上有太多的信息互相矛盾、难于取舍；而从朋友圈、群获取信息既比较有趣也比较有用，并且观点相似，于是会觉得更“靠谱”更“可信”。然而，这只是“看法”而不是“知识”，但即使如此，人们也会根本不在乎。①

判断“有没有知识”可以从他是否会追问“怎么会”“为什么”上看出来；但显而易见，并不是所有人都具备这种知识素养和能力。一个法律

① 徐贲：《互联网时代的知识和“知情公民”》，腾讯网，2016 年 9 月 14 日。

教授会拥有对“诈骗罪”的专业知识，可是当他自己面对庞氏骗局时却很可能提不出“为什么”和“怎么会”的质疑。这不是因为他知识不足，而在于他的理解力缺失。

具体到庞氏骗局参与者来说，其中大多数人一开始就知道这是骗人的；有的虽然是上当受骗进去的，可是在接下来的洗脑上课中，“老师”会明确要求他们赶快去骗别人、让自己赚钱，而且是拿身边最亲近的人开刀，理由是从中骗到的钱有你一份。于是接下来就能看到，他们马上就真的积极投入到“骗别人”之中去，见利忘义。这就是人的贪念本性。

这样一层层下线发展下去，就形成了庞氏骗局的金字塔组织结构。只不过这个金字塔没有尖顶，为什么？因为其中最大也是唯一的尖顶必须确保掌握在做局者手中。所以，就设置了“上总”这种“出局”方式。该模式规定，当你达到了什么样的级别后就“上总”，也就是在你为他们赚够了钱、再也无潜力可挖后让你“退居二线”。

这种“上总”有两大作用：

一是让参与者有个盼头，给你画一个大大的饼，觉得到那时自己就会成为“巅峰”，从此过上“财务自由”的好日子，不至于一辈子“寄人篱下”；同时，还能激发你的动力，觉得越早加入就越能赚大钱，管他是谁，只要能骗到钱就去骗，哪怕是自己的父母、兄妹。

二是削掉尖顶，你永远只能为做局者打工。例如，一人缴 69800 元，到“上总”时需要拉到 600 份，这样合计就是 4188 万元；然后给你 1040 万元让你“出局”，说你已经成了“成功人士”，不能再混同于“群众”了，应该去“享福”了。这样的案例谁看了都知道傻到家了，但就是依然有人在做。为什么？就是因为这 4188 万元基本上不是他自己的，只有最后的 1040 万元才属于他。用 4188 万元换 1040 万元谁都不会干，因为这明摆着不是你赚了 1000 多万元，而是亏了 3100 多万元。从金额比例看，就好比说有人今天问你讨100元钱，说明天我能让你赚25元；而到了第二天他扔给你25元（当然也可能根本不给你，或者你根本就找不到他了），说这是你赚的钱，从此咱俩谁也不欠谁了，你会干吗？但现在因为你坑害的是别人（主要是你最亲近的人），就见利忘义了。

庞氏骗局的基本套路

在这什么都讲创新的时代，庞氏骗局虽然常用常新，但基本套路一直没变，变不了，也不需要变；因为人性的贪婪弱点几千年来一直没变。

归纳起来，这些套路可以分为以下四大步骤：[①]

一是编造故事，请人站台。

编造故事，简单地说，就是要展开丰富想象，编织一个非常美好尤其是回报率令人惊讶的案例，对那些梦想不劳而获的人具有致命的诱惑力。

当然，做局者知道，网络时代信息丰富，骗人也不是那么好骗的。但他们自有一套。因为能够接触到网络的人，必定会关心一些时事新闻和社会热点，从这些方面入手，把自己所要鼓吹的内容和故事编在其中，真真假假喂给这些潜在参与者，比单纯给他们吃苦药效果要好得多。

为了配合这一点，就需要有人为他们站台（到场助威造势），首选那些知名度高、公信力强的人和单位，如地方党政领导、专家学者、媒体记者等，再配合购买奖牌、荣誉，加上参与者的口口相传，这样会比做局者自己在那里声嘶力竭地吆喝要强上千万倍。

别看这些做局者有些文化水平并不高，可他们往往脑袋瓜发达，更重要的是“有钱能使鬼推磨”，只要肯花钱就能请到一流的“编剧”为他们

---

① 习风：《金融投资诈骗之庞氏骗局的四个流程》，载《晶报》，2015年3月18日。

策划谋略。所以能看到，多数庞氏骗局的项目和情节都非常具有吸引力，并且一环套一环，让你不得有丝毫怀疑。就是你怀疑了也不要紧，他们会用半推半就、欲擒故纵的策略让你远远地跟着走。实在没辙了，他们会启发你“悟”，让你自生自灭。你悟出来了，便会紧紧地跟着他们走，他们当然高兴万分；如果你要离开队伍，他们也没那个气力抱着你不放，而是会一边怪你悟性不够，一边为你失去了这样一个发财机会而惋惜。

二是高息诱人，愿者上钩。

庞氏骗局比任何人都清楚高回报率对参与者的无限诱惑性，其他一切都会围绕着它转。

有人通过对我国430家P2P网贷平台公开承诺的年收益率进行研究，发现2014年上半年的平均水平约为月息1.7%、年息20%，其中有41家月息超过3%、年息36%，2015年春节期间部分平台年化收益率更是高达50%。也就是说，这些平台承诺的年化收益率约为同期银行存款利率（3个月期年利率2.85%）的7~17倍。

这些还是相对正规的融资平台，庞氏骗局承诺的回报率比这还要高得多，因为不这样做它就觉得自己缺乏魅力，有点“不好意思开口”。有些动不动就承诺每个月可以翻一番，一年可以赚上二三十倍。

问题在于，这种回报率明显高得离谱的骗局居然有人相信，而且还不少。他们中早期参与者无一不是先用小额资金投入试试，然后几次尝到甜头后便加大赌注投入；而旁观者则看到有人已经尝到甜头，于是迫不及待地也纵身一跃砸进去。

这方面最典型的是河北省隆尧县三地农民专业合作社历时7年建立起来的非法集资帝国。该案波及全国16个城市，涉案资金高达80多亿元，对外承诺的条件是：入股1万元便能得到100袋面粉，此外还能获得4个月利息30%、一年期利息100%。如果想退出，返回全部本金和利息，已食用面粉算是免费赠送。这样的回报率高得吓人，但农民们看着身边一个个参与者原来的电动车换成了160多万元的凯迪拉克，想加入都要只争朝夕。要知道，按照“规定”如果不是当地农民想加入还加不了呢!

三是提现困难，债权转股。

做生意玩的是十个茶壶八个盖，所谓经商难首先就难在这里。对于民间集资来说，一旦踏上高利贷之路，尤其是故意设立的庞氏骗局，玩不过来是早晚的事。从古今中外实践来看，一旦到了玩不过来时做局者自杀的很少，绝大多数会等待被抓，他们把这当作是一种解脱；当然，也有部分人会化名隐藏或潜逃，这同样是推迟被抓时机，而不是“不成功便成仁”。

为什么会这样？主要原因在于，一旦他们被判刑，以前所欠下的那些债务便会一笔勾销。所以，出现这样的“经营失败”后着急的不是做局者，而是参与者，因为他们最大的愿望是要追回自己的投入，而这就需要给施害者以时间和空间。换句话说，这时候的受害者同样不愿意做局者去死，或自杀，或被枪毙；而这些做局者一旦有机会苟延残喘，凭他们的脑袋瓜（他们基本上是“人精”），东山再起（再次行骗）的可能性极大。这也是为什么庞氏骗局“野火烧不尽”的原因之一。

明白了这一点，就知道为什么会有那么多庞氏骗局被拆穿后，做局者一副“死猪不怕开水烫”的面孔，一方面用正在“经营改制”“股份制改造”或“上市计划”来拖延时间，另一方面动员你“债转股”。某融资平台面对讨债者就是这样明目张胆地回答：“要么债转股，要么你去告。”

而一旦债转股，你的这些钱就冠冕堂皇地要不回来了，除非对方“良心发现”，除非他们遇到贵人相助、起死回生。因为这些钱债转股后就变成了你对这个项目的投资入股，只要该项目没结束，你的这些股份就抽不回来，即使转让也要得到其他所有股东的同意，而这在庞氏骗局中根本就行不通；可是如果项目失败了，你就更拿不到钱，因为这时候你的这些投资就实实在在变成了该项目失败的“学费”了。

所以，并不是所有庞氏骗局都会一出现困难就逃之夭夭，他们同样会采取各种理由来拖延时间，以尽可能多地榨取参与者的血汗钱。在这其中，广义的“债转股”等股份制改造是最流行、最时髦的理由，凭借这一招，往往能把以前的经济往来转化成死账，最后不了了之。

四是一出问题，失联跑路。

每个庞氏骗局的周期有长有短，短的“一日游”、资金规模几十万元，长的可以几十年、资金规模几十亿元。前者如自称连续 3 天举行优惠活动的“恒金贷”，2014 年 6 月 27 日上午上线，下午就卷了 20 万元跑路，参与者都来不及反应过来。据说，这种网贷平台如果纯粹要诈骗的话，只要用“几百块买个模板，几千块租个临时空间，第三方发几个帖子做宣传就可以”“就搞一天，圈个几十万也值了”①。后者如美国最大的庞氏骗局伯纳德·麦道夫案，历时 20 年，涉案金额 650 亿美元。

总体来看，骗局的寿命和规模主要取决于两大因素：一是自身内部运作；二是政府打击力度。两点同等重要。就好比一个人的寿命长短取决于自身和外部因素一样，在没有外部因素影响下，身体素质好的人寿命更长；可是如果遇到天灾人祸，你身体素质再好也一样会提前结束生命。庞氏骗局也是如此，无论你运作得再好，遇到政府打压同样会提前崩盘。

具体到自身内部，又主要看资金流动能否维持现状并不断发展。一旦出现问题，做局者会首选失联跑路，三十六计“走”为上。动作为什么会如此麻利，因为这是他们早就想好的出路，已经模拟过无数次；并且为了配合这一点，他们一般都用伪造的个人身份和银行账户，所以抱有侥幸心

---

① 刘宝兴：《P2P 平台恒金贷现雷人骗局：上午开业下午跑路》，网易财经，2014 年 6 月 29 日。

理，以为只要脚底抹油别人就再也找不到他们。

除了失联跑路的首选项，其他还有三条出路：

一是等待被抓或潜逃后被抓，这种情况相当普遍。他们的想法是："反正钱已经被我用掉了，你们能把我怎么样？几十年（出狱）后东山再起，又是一条好汉。"还别说，这种东山再起的可能性很大，因为之前从他身上捞到好处的那些参与者都会竭力挺他，甚至重新拥戴他做头儿。

二是自杀跳楼。这些巨款被他挥霍完了或转移到境外去了，便抱着一种"要钱没有，要命一条"的强硬态度以死谢罪，既是一种还债，也是一种解脱，更是对自己家人的一种"保护"。

三是与参与者一起重振旗鼓，谋求东山再起，或尽力把损失减少到最低程度。这些人中绝大多数不是骗子，而是属于民间借贷，至多是非法集资，所以他们当初对外承诺的回报率不会太高，个人挥霍也不严重。但也不排除极少数做局者当初就是设计诈骗的，后来由于良心发现如看到有些参与者为此妻离子散、家庭实在困难才改邪归正的。

刚性兑付干扰资源配置

所谓刚性兑付，是指当融资出现风险、可能发生违约或达不到预期收益时，作为发行方和渠道方的商业银行、信托机构、保险公司等，为维护自身声誉，通过寻求第三方机构接盘、用自己的资金先行垫付、给予投资者价值补偿等方式来确保投资者的本金和收益。

在我国，虽然没有法律条文规定信托机构必须刚性兑付，但这是一条潜规则。因为对于发行机构来说，如果你出现了兑付困难就要赖，就会失去信誉，以后再也没人敢相信你，并且这会对整个行业造成沉重打击。但显而易见，这种“高收益、零风险”的做法又背离了资本市场上“风险与收益相匹配、高收益隐含高风险”的永恒规律。

怎么解决这个问题？现在看来还没有好的办法。因为信托产品很难转让，所以如果你不确保刚性兑付的话，投资者手里的产品到时候转让不出去就会造成损失；而这样带来的后果，便是大家都不敢买信托产品。因此能看到，一方面，政府的监管思路在发生微妙变化，即允许信托公司暴露风险，并且希望能利用市场机制来化解这种兑付危机，而不是无论对错都要确保刚性兑付；另一方面，政府又要确保维护金融和社会稳定，防止因为信托投资亏损而诱发群体性事件。

2012 年以来，国内外经济景气度明显下降，信托资金投资于实体经济也受到程度不同的影响，以后要想确保刚性兑付越来越难；但与此同时，又不能不刚性兑付。夹在这两难之中的发行机构唯有一条出路，那就是“借新债还旧债”，以维持这一局面。至于理想中的“卖者尽责、买者自负”的风险理念，则有一个漫长的培育过程，至少目前还做不到。这就看到，为什么大多数理财产品的期限不到一年、有的甚至只有几天，说穿了，这种理财产品的发行就是为填补时间缝隙而长短驳接的。

可以说，市场上有相当多的这种理财产品。在这其中，一旦面临资金周转困难、新发行的理财产品无法偿还到期产品，就可能会出现资金链断裂，从而导致这种庞氏骗局式的击鼓传花无法继续下去。

怪谁呢？谁都不能怪。初看起来责任在于参与者的贪婪，既要确保高收益率又不肯担负任何风险，但其实投资者并不是生活在真空中，这种贪婪与当时的社会发展、经济、信用、法律环境息息相关。反过来，难道不能说是商业银行、信托机构、保险公司等在采用这种刚性兑付承诺诱使参与者追求过高的收益率、不愿自担风险吗？

拓展阅读

贫贪两字相差一点

2011 年年初，美国 5 名华裔与香港 CKB 公司（也称 CKB168）串通吸收投资者资金。他们以一家儿童读物的名义，通过制作视频和网络传播为公司做宣传，为潜在参与者召开说明会，声称每股 1380 美元可获得 750 美元的奖励点数（以后还会增加）；并称公司将很快上市，这奖励点数可以换成公司股份，公司在我国深圳等地均有分部。

而事实上，这一切都是骗局，因为参与者根本无法从奖励点数中获取利润，要想赚钱，唯一的途径只能是拉人头。另外就是，CKB 公司根本就没有向美国证券交易委员会注册，也没有足够的合法收入来支持上市，所以它们根本不可能上市，所谓换成原始股上市只是一种欺骗手段。

截至 2014 年案发，该平台共吸收到 1000 多名参与者共 3000 万美元的资金，被骗的主要是位于洛杉矶、旧金山和纽约的华人，以及少部分来自我国国内的参与者。在这 3000 万美元涉案资金中，平台自己保留了 650 万美元，其他的全部分给了涉及骗局的各环节。

为该案被害人提供过咨询的洛杉矶律师刘龙珠为此写了一份题为《美国梦，中国噩梦》的研究报告，他总结说，在美华人投资者具有以下共同特点："第一点，华人投资不是理性投资，而是感性投资，朋友请你吃个饭，跟你打声招呼，你就变成了受害者。第二点，中国人有闲钱，又不甘于赚点小钱，想赚大钱，（所以）刚好成为牺牲品。"除此以外，无论是这些美国华人还是中国参与者都崇尚权威，于是这些骗子就投其所好拉大旗作虎皮，找名人来站台。

该案受害者莫麦克痛定思痛后说："（以后）一概不碰，他们都是说得天花乱坠。中国人的贫穷的贫和贪心的贪哪，差一点儿，这两个字长相特别像，就因为贪心所以变成贫穷。"①

确实，从字面上看，"贪""贫"两字下面都是"贝"字底，代表财富，但两者对待财富的态度截然不同。"贪"是今天就要占有财富，结果往往因为贪心不足反而由富致贫；而"贫"的本意是财富分得太少，如果再因为庞氏骗局被骗得血本无归，那就原本哪怕再富也会致贫的。

① 《美媒：美国"庞氏骗局"频发，主要针对在美华人》，参考消息网，2015 年 9 月 6 日。

追求走钢丝般的刺激

多数人对庞氏骗局的本质只有一种模糊概念，就是做局者不会把从参与者那里拿来的钱投入到实体经济中去，而是只会作为利息支付给较早进入的参与者。这种行为会在不知不觉中发生。每当有人获得高回报，就会激起另一个人对高回报的渴望，从而加入这种骗局队伍中来，引发狂热的投机行为，从而最终铸就不断膨胀直至崩溃的经济泡沫。对此，全球各国的金融管理者们好像并没有找到有效的破解之道。其实这也很好理解，因为人性的贪婪摆在那里；人心亘古不变，也就只能束手无策。

庞氏骗局的参与者为什么前仆后继，有时还会如过江之鲫呢？原因之一在于他们追求这种走钢丝般的刺激。他们虽然也知道参与骗局凶多吉少，但总希望自己不会接到这击鼓传花的最后一棒，倒霉的是别人，不会是自己。由此可见，有这种追求的人你怎么和他讲道理都是没用的。

理论上早参与者风险较小

初看起来，越早参与庞氏骗局的人不但投资风险越小，而且还能获利颇丰，倒霉的主要是后面那些人。但是，这一切都停留在“理论”上。这也是庞氏骗局用来蛊惑人心的一个地方，那就是他们所从事的是一个最公平、公正的行业，不管年龄大小、文化程度高低、财富多寡、有没有社会背景，只要你越早加入就来钱越快。他们的口号是“先知先觉先挣钱，后知后觉后挣钱，不知不觉不挣钱”。

事实真是如此吗？大量研究表明，庞氏骗局中真正的“成功者”（最终能“收回成本并挣钱”）比率只有2%，其余98%都是“炮灰”，必亏无疑，其残酷程度超过任何传统行业，包括股市；更不用说，到时候不但是你淹在里面，还会把一大帮你周围最亲近的人（下线）拖入水中，落得个众叛亲离、鸡飞蛋打的下场，这又何必呢？

容易看出，这2%基本上就是做局者了，后面的人都是明摆着“送钱”去的。既然这样，为什么还会有这么多人前仆后继、视死如归呢？归根结底，还是利欲熏心在诱使他们铤而走险，不惜对身边最亲近的人先下手，但同时却被他们当作带动亲朋好友先富起来的“最大理由”。

“越早参与风险越小”，是建立在以下三点基本假设基础之上的：

一是这个庞氏骗局要符合完美的做局模型，这种常规模型会更便于你从理论上加以考察。但实际上每个做局者情况都不一样，“非典型性”骗局多得很，你很难识破这究竟是高利贷、非法集资还是捞一票就走。

二是这个庞氏骗局要能取得“成功”，如果它自己都没赚到钱就夭折了，就好比有些“短视”的做局者，看到一点小钱就迅速卷款潜逃，根本不给你后面一步步“做大”的过程，那么你无论处于多么早期的状态，都可能会血本无归。就好比你坐上的是一条漏船，别人可能会到河对岸时才翻船，而你可能在离岸三尺就沉入河底了。

三是你心不贪，具有良好的自制力。比如，当你在收回本金及“该得的”利息后会金盆洗手，绝不参与最后一棒。不过事实证明，几乎没有人会做到这一点，因为人心都是贪婪的。当初你参与庞氏骗局的目的，就是希望能看到自己账面上的数字像高铁一样向前飞奔；在不知道前面什么时候会翻车时，你是不会莫名其妙地就急刹车的，就像高速列车只有在特殊情况下才会紧急刹车一样，否则不符合基本人性。可是，无论你梦想着能够赚上多少个100%，但最终只要亏上一个100%就会让你痛彻心扉。

所以，这就引出了庞氏骗局吸引人或称迷惑人的地方之一，那就是无法给出一个明确的崩溃时间点。试想，如果做局者和参与者都知道什么时候该骗局会崩盘，会怎么样呢？至少危害程度不会这么严重。就好比说，在崩盘的前期肯定就没人投入了，而依次类推，崩盘前第二期、第三期等也不会有人投资，这样整个骗局甚至都不可能发生。

而正是这种崩盘时点的不确定，会引出心理学上一个重要的话题，那就是一种集体的非理性行为。换句话说就是，**从每个参与者角度看，这种参与行为并非完全不理性甚至不合理，因为在他看来，至少到“现在”还没有看到崩盘的端倪；但如果从整体角度看，当然就不是这么回事了，确切地说平台正在出现由量变引发质变的崩盘中**。

回过头来看，那些容易参与庞氏骗局，包括那些想浅尝辄止的人，在他们脑海中都会根深蒂固地认为，致富不能靠勤劳、唯有走捷径；要成为有钱人就必须改变社会财富分配方式，哪怕是去骗、去抢、去偷，只要不被抓住就算你有真本事；社会上那些成功人士也并不是靠自己努力取得成功的，而是各种投机取巧……这些人无疑更容易步入庞氏骗局。

相反，如果你心中没有这份邪念，就根本不会走到这门口。例如，一位老太太（老教师）在遇到“潜在的上线”时是这样发问的：“我只要给你们介绍几个人，就能赚很多钱?”对方说：“是的，你能赚到几百万元!”“可是，无论我给你介绍多少人，都不会增加这个社会上的财富呀；这不就是说我能赚到几百万元，就必定有人会亏几百万元吗?”她强调说：“我这人做事有个原则，就是不受无功之禄，也不吃嗟来之食。如果我拿的钱超过了我的付出，这种事情我肯定不做。”

就这样，她彻底拒绝了传销。从这里也容易看出，每个人在面对庞氏骗局时，其背后体现的实际上是其价值观，即是不是想不劳而获。

实际上谁都不知道哪天崩盘

众多参与者面对庞氏骗局，都相信自己只要参与得早并且又能及时脱身就能安然无恙，并从中大赚一笔。其实，这只是一剂可怜又可悲的自我安慰药。如果你真的追求这种刺激，那为什么不在两辆汽车交会时的一刹那间冲过去，来证明自己“命大”呢？

从本书前面所介绍的骗局的套路和数学模型看，如果确实存在这种可能，也需要同时具备几个条件：一是你知道这是庞氏骗局；二是你知道这个骗局才刚刚开始；三是你能确认做局者足够聪明能够撑到你至少本钱会安全返回来；四是你知道自己什么时候离场并潇洒脱身。而实际上，这上面四个条件你都不具备，除非你就是做局者本人。

先看第一点。许多庞氏骗局开始时并没有想到要成为骗局，就像坏人并不是生下来就注定他将来会成为坏人一样。随着事态的不断发展，各种内外部因素发生变化，这些不是骗局的最终被迫走上了骗局，这样的情况屡见不鲜。所以，哪怕你具有再明亮的眼睛，都无法一开始就识破它是庞氏骗局，因为那时候它根本就还不是骗局。

接下来看第二点。有些庞氏骗局反其道而行之，一开始就公开宣称自己是骗局（主要是通过各种网络自媒体讨论自己究竟是传销还是非传销），提醒你擦亮眼睛，把你搞得晕乎乎的。与此同时，标榜自己这个项目由于过于“强大”、受“国家限制”所以“有机会”参与的人很少，你是万里挑一的“幸运者”等，竭力制造这个骗局是刚刚开局的样子。为什么？目的就是专门要骗有你这种想法（刚入局必定会有钱赚）

的人。

基于前两点，你根本不可能准确判断骗局何时破灭。因为庞氏骗局的一大特点就是神神秘秘、虚虚实实，而且参与人数多，有时甚至会达到几百万、几千万人，这时候就会给任何人包括做局者和政府判断骗局何时崩盘带来极大的困难，更不用说你一个蒙在鼓里、已经被彻底洗过脑的人了。

从理论上说，庞氏骗局的崩溃时间也会服从正态分布。但既然你参与了这个游戏，就很难知道自己处在什么样的位置，这叫当局者迷。所以，即使你知道正态分布规律，也会难以自拔。

例如，即使你知道自己已经处于崩盘前夜，可是如果有人告诉你只要再拉上那么几个人就能“上总”出局，鉴于人性的贪婪，你一定不会甘心就此“功亏一篑”，否则你也不会出现在这个队伍中了。再说了，骗局中人人自危，你防他、他防你，就连做局者中的几个核心人物也会钩心斗角、讳莫如深，又何况你这个局外人呢？虽然你是参与者，可是与他们相比同样是受骗者，在骗局设计上还谈不上是知情者。

最后一点就是，你不可能知道什么时候“见好就收”。虽然参与者中人人都在随时准备撤退，但每个人的计划不同、对形势的预判也完全不一样，所以，无论你是怎么想的，都会令大部分人跌破眼镜。

有个真实案例是这样的：有人搞了个虚拟货币交易所，明确表明自己就是庞氏骗局，“玩两周就跑路”，但开出的条件实在诱人，所以依然有许多人参与。这些人的想法是，既然你说两个星期崩盘，那么按照正态分布规律，一星期左右会达到顶峰，我在此之前先拔腿而跑，应该就能确保盈利。结果这些“聪明人”全都落得个鸡飞蛋打的下场。为什么？因为两周跑路只是做局者的虚晃一枪，实际上该平台第 4 天就崩盘了，这可谓给这些“聪明人”来了个措手不及。

真想走钢丝教你怎么走

一位关注庞氏骗局20年之久的投资公司创始人认为，庞氏骗局中有相当一部分是庞氏融资；两者虽然有区别，但数学模型基本一样。

在他看来，符合以下三大条件的庞氏融资可适当参与：一是这个融资平台盘子够大，大到你身边的人有不少都在参与，这就表明这个平台可能会具有某种持续性；但与此同时也同样证明，它可能已经进入加速崩盘阶段。二是该平台的资金流可以观察到，而不是你什么都不知道或被蒙在鼓里，这会便于你（当然只是参与者中的极少数）在其他人还没有醒悟过来之前就先行撤退。三是3个周期内的复利获利便成覆盖本金，也就是说，你在最初3个周期内就能拿回全部本金，然后用这些本金的收益继续参与该平台，并且每次获取收益后都要从中提取20%~50%，剩下50%~80%的收益返回池中，这主要是考虑到风险。

对照上面这3条，融资余额万亿元规模的我国A股市场和几千亿元规模的P2P网贷平台，它们的成交量和余额等数据能在网上查到，就表明符合前两个条件，但却不符合第3个条件，即你不可能在3个周期内就收回本金。或许正因如此，中国证券监督管理委员会主席郭树清2011年10月履新后，就特别针对当时许多权威机构一致认为中国股市蕴藏着罕见增长潜力的说法，强烈呼吁低收入人群和以退休金为生的人群不太适宜参与炒股，认为这些人更应选择风险较低的投资和储蓄工具。①

这位投资界元老认为，除此以外的其他所有庞氏骗局，就都绝对不能参与，无论它处于哪个阶段。理由主要有两点：一是你如果查不到任何资

① 郭树清：《低收入人群不太适宜参与中国股票市场》，财经网，2011年12月1日。

金和规模数据，那就注定是一个完全、彻底的被骗者和受害者；二是如果说庞氏融资的生意还算是个故事的话，那么庞氏骗局的收益就完全是神话了。千万要记住：任何投资都有一条基本原则，那就是看不懂的绝对不玩；不要相信运气，而是要相信模型和数据。相反，如果某个庞氏融资被你看懂了，那你就不仅可以玩，而且还要加杠杆参与，许多巨额财富就是在这种情况下获得的，比如国际投机大师乔治·索罗斯。

拓展阅读

孔方兄的双手一摊

许多庞氏骗局参与者喜欢冒险“走钢丝”，但如果告诉你这根本就是一根极易爆断的烂钢丝，你还敢走吗？事实就是如此。只不过许多人当初并不知道这一危险，等到发现时已经晚了；但也有极个别的会自称钢丝“将断”，任你哭爹叫娘也无能为力。

2016 年 8 月 8 日，深圳孔方兄金融信息服务股份有限公司法人代表保某某发表了一份公开信《告投资人书》。信中明确表示：“平均利率达到 25%以上的收益本身就是一个赌博，您赌输了，我也输了，我们都输得一塌糊涂。不仅仅是你们倾家荡产，我也要一样家破人亡。不要说什么携巨款潜逃，有巨款何须要走，一文不拿我也愿意，可是，资金没有了，这个危险的游戏结束了。”他承认过去对大家承诺的 25%的高利率是一种赌博行为，实际上等于变相承认这是一场庞氏骗局。

信中表示，平台的资金流向有 3 个部分：一是过去已经支付出去的高利率（平均年利率 25%以上），并且已经坚持了 3 年，你损失的已经到了别人（之前投资者）的口袋里；二是坏账、赖账近 3000 万元（能还你们的现金来源最多就是这个数），尚未收回的资金约 1000 万元[①]；三是运营支出，包括办公费用和平台维护支出。

信中表示，包括坏账、赖账在内的这 1.2 亿元待收款，只能指望通过追讨要回一部分了。他“双手一摊”无奈地说，平台现在已经根本没有钱了，“事已至此，你们可以骂，可以诅咒，可以寻求法律追求，我理所应当的承担；我只想告诉我的债权人，我在努力追债，努力赚钱。你们的债，我要还的。如果不为这个目标，生无所恋。也许，我还会失败，命吧！也许，我会成功，我会还债！”

工商资料显示，该平台 2014 年 9 月由 8 位自然人共同创建，注册资本 6000 万元（实缴资本 3000 万元），法人代表保某某个人出资 2060 万元，持股比例 68.66%。[②]

但直到此时此刻，所有这一切都无法拉直后期参与者的问号。

---

① 公开信中容易看出，这里的“1”似有改动过。

② 文乐：《曝孔方兄承认庞氏骗局声称跑路，只因无力偿还 1.2 亿元》，中金网，2016 年 8 月 9 日。

不信自己会成为那个倒霉蛋

金融学里有个术语叫“自我积累”。通俗地说，就是企业把资产看作是与其共生的手段，通过不断地把部分收益转化为新的资产，不断增加资产额。容易看出，这种以自我积累为主的融资方式最具安全边际；相反，一切主要依靠外部信贷融资所建立起来的积累，只要杠杆达到一定比例，随时都有崩塌的危险。

对比之下，庞氏骗局走的正是一条相反的道路——骗局的双方都想以小博大，利率则可以看成是这里的杠杆，谁都认为在这随时都有崩塌危险的外部“积累”中，先进来的聪明人能够从这种外部积累中获利、获大利，而后进来的傻瓜则会一路傻到底。但当所有秘密都成为人人皆知的常识时，事情就绝不是原本所想象的那样了。

博傻理论

经济学中有一种“博傻理论”（俗称“最大笨蛋理论”），其论断是：即使你已经知道某种东西的价格已经够高了，可是还会去买它，因为你坚信后面会有更大的傻瓜、以更高的价格从你的手里买过去。或许这就可以叫“没有最傻，只有更傻”。

博傻是由博弈和傻瓜两个词组成的，意思是说傻瓜之间的博弈。

最早提出这一理论的经济学大师约翰·凯恩斯认为，期货和证券在某种程度上是一种投机行为或赌博行为。比如，你根本不知道某支股票的真实价值是不是值20元，为什么就会以每股20元的价格买下它呢？这是因为，你相信后面会有人以更高的价格从你的手里买走它。也就是说，你预期后面有一个更大的笨蛋、会出更高的价格为你接盘；而这时候，你就不用过于关心该股票的价值究竟是多少，哪怕它一文不值。

在这里，最关键的是后面有没有这样一个更大的笨蛋存在；只要你不是最大的笨蛋，最多就只是赢多赢少、时间早晚的问题。相反，如果你找不到这样一个最大的笨蛋，那只能证明你自己就是这个最大的笨蛋。

值得一提的是，约翰·凯恩斯之所以会提出博傻理论，实在是他个人经验教训的总结。

为了以后开展学术研究有足够的资金，1908年他从工作了两年的国家财政部来到母校剑桥大学国王学院，开始讲授货币、信用、价格和股票知识直至1914年，被人称为是“一架按小时出售经济学的机器”。但他后来终于明白，靠多讲课来攒钱就像今天靠多加班来早日买房一样够呛。

于是，1919年8月他借了几千英镑开始从事远期外汇投机，结果4个月就净赚1万多英镑，相当于他10年的讲课费收入。不过，在接下来的3个月内，他又把这赚来的1万多英镑连同借来的本金全部亏了个精光。这时候的他同样有一种赌徒心理，7个月后再次涉足棉花期货交易，并大获成功；然后他一鼓作气，把所有期货品种都做了个遍，接着就去炒股票，在接下来的十多年里收获颇丰。

1937年他因患病不得不金盆洗手时，已经积累起了一生都享用不完的巨额财富，并且留下了我们今天看到的这一套“博傻理论”。

约翰·凯恩斯为什么能博傻成功？不仅仅因为他是经济学家，更在于他对人性准确的把握，知道在他后面还排着多少个“最大的傻瓜”。他以报纸上刊登的选美有奖投票举例说，你在从100张照片中选出6张最漂亮的脸蛋时，绝不能自己认为谁漂亮就选谁，而要猜多数人会选谁你再投她的票，根本不用考虑这张脸蛋是不是漂亮。

他的意思是说，投机行为应该建立在对大众心理的猜测之上，你猜准了，就能确保赢多输少，否则就只能呵呵。

博傻理论应用在庞氏骗局中，就是几乎所有参与者都认为后面有比自己更大的笨蛋存在；而只要做到这一点，那么你就是赢家。虽然其中的每个人都可能最终证明自己才是那个“最大的笨蛋”，但在其参与时都抱有一种侥幸心理，不相信也不甘心自己会是这个最大的笨蛋。

为什么会有这种博傻理论存在？归根结底，是每个人面对同一骗局所做出的判断、认识、行动不一致，从而导致整体行为出现差异。

而从其实质看，这其中又可以分为感性博傻和理性博傻两种。感性博傻是自己并不知道进入的是一个骗局，甚至也不知道游戏规则和必然结果，通俗地说就是稀里糊涂进入的；理性博傻是自己很清楚这是一个骗局，也知道其游戏规则和必然结果，之所以勇敢地投入完全是为了以小博大、赌一把，一有机会让更大的笨蛋接盘就马上脱手。

容易看出，这两种行为在庞氏骗局中都有，并且比比皆是。之所以有大量的参与者理性博傻，是因为他们“一致”认为后面还会有更多的傻瓜来接棒；而危险的是，当大家“一致”认为会出现这一局面时，就表明市场高点正在来临。换句话说，这时候的博傻虽然是“理性”的，但实际上是十分危险的，因为别人并不会真的像你想象的那么傻。

这就是当庞氏骗局崩盘后，许多参与者痛哭流涕抱怨“没想到啊，没想到”的原因所在。他们原本还以为后面会有“更大的傻瓜”出现，却发现一不小心自己成了那个“最大的傻瓜”。怪谁呢？除了怪自己的判断能力不够，更主要的还是要怪自己太贪心。这表明，并不是人人都会“艺高人胆大的”。

自发形成的庞氏骗局

正因为不相信自己会成为最后接棒的那个倒霉蛋，所以才会存在着许多被罗伯特·席勒称为“自发形成的庞氏骗局”。

在这其中，成色最新的是金融泡沫，尤其以投机性股市最为典型。

罗伯特·席勒指出，股市中“当价格多次上涨时，就如同在庞氏骗局中一样，参与者会在股市的价格变动中获得回报，仍然有许多人（实际上，股票经纪人和整个互助投资业）从讲述股市会进一步上涨这类故事中获利。没有理由表明，这些故事具有欺骗性，他们只是强调正面消息、忽略负面消息。自发的庞氏骗局过程——如果将投机性泡沫称为庞氏骗局的话——应该没有规律而且应该没有那么有戏剧性，因为没有进行直接的操纵。但是当自发的故事所支持后，其过程有时就会像庞氏骗局一样……**许多金融教材都认为金融市场是合理而有效运作的，**但是没有论述证明投机性泡沫的反馈机制为什么不能发生。事实上，**这些教材甚至没有提到泡沫或庞氏骗局**。**这些书给人的感觉是金融市场在有序运行，市场像数学一样精确地运行**。如果根本不提这些现象，学生就不可能判断出自己是否在影响着市场”①。

之所以会出现“自发形成的庞氏骗局”，是因为这些参与者的心理非常一致，就是不太关心自己的这些钱究竟流向了哪里。不必说不关心是不是流向了实体企业，甚至也不关心究竟停留在谁的手里；他们只关心自己

① 罗伯特·席勒：《放大机制：自发形成的庞氏骗局》，载《哈佛商业评论》，2013 年 10 月 29 日。

买到的股票、房产、黄金等标的物未来的价格会不会持续上涨，如果是，他们就放心了，因为这样他就有望从中获取收益，最好是高收益。

明白了这一点，你也能较好地理解全球金价暴涨暴跌的现象。

因为这些购买者会想当然地认为，各国政府为了应对金融危机都在向市场注入流动性，这会导致黄金价格持续上涨；建立在这一预期基础上，“现在”买黄金就是一种未来能获取高收益率的行为，这就是黄金价格从2009年每盎司900美元上涨到2013年1800美元的原因。

这并不是因为发现了黄金新的使用价值，或投向了什么实体经济取得了多么丰厚的回报，而实在是因为每个人都认为自己后面还存在着一个“最大的笨蛋”。可是到后来买黄金的队伍跟不上了并引发恐慌，2013年4月12日、15日纷纷抛售黄金，短短两天内黄金价格累计跌幅高达15%，打破了30年来的最高跌幅纪录，实际上就可以看作是庞氏骗局的崩盘。所不同的，只是该骗局没有任何人坐庄，是自发形成的而已。而这一暴跌也继而引发了“中国大妈全球抢黄金”的现象，这实际上又是另一轮新的自发式庞氏骗局的开始。

自发式庞氏骗局的出现，与政府政策的特殊导向有关。在许多国家尤其是工业化国家，在遇到大型企业即将倒闭时都会出手搀扶，从而制造一种“大而不倒”的现象。意思是说，只要企业规模足够大、在当地经济中具有举足轻重的地位，政府就会千方百计不让你破产倒闭、影响社会稳定，无论你是国有还是私营企业，无论你是合法还是非法经营。

而这种大而不倒的现象在为参与者参与投机壮胆。这些人会认为，这家企业（平台）规模够大，如果出现问题政府一定会出面相救的；而政府一旦出面相救，自己的利益就能得到确保或至少能得到部分保护。

关于这一点，一些庞氏骗局的做局者同样非常清楚。他们往往会欺骗参与者说，这些巨额资金投入了某些高收益领域（而事实上，当然是在用后来者的投资去支付之前参与者的利息。不用说，局外人自然不知道）。他们一门心思想赶快捞钱，因为他们很清楚，现在捞到的钱就是自己的，而一旦发生崩盘则会由政府出面负责收场，这在2008年全球金融危机中再次屡屡得到验证。

由此可见，政府的这些行为怂恿了做局者不计后果的冒险以及参与者不负责任的投机行为。政府的正确做法，应该是尽可能避免企业（平台）倒闭，而不是救助那些高管层。①

层层丝网缠你没商量

绝大多数参与者不相信自己会成为那个“最大的笨蛋”，甚至抱着“试试看”的态度不相信自己会真的成为其中的一员。可是殊不知，现在的庞氏骗局可不像过去的铁丝网，剪个洞就能逃出去；现在的铁丝网已经升级到了蛇腹型，并且已经通上电，你只要一碰触到它，就会死死地被它所缠住，不达目的绝不收手。

这也是庞氏骗局最阴毒之处：自从你准备加入（名为“考察”）后，做局者就处心积虑地用一群人来有计划、分步骤地专门对付你一个人，就像蛇腹型铁丝网一样层层把你缠住，很少有逃脱的。

首先看行动上。做局者对你规定了严格的准入条件，在职公务员、教师、学生、现役军人、本地人严禁参与。为什么？表面上的理由是平台要“为国家解决就业”问题，而这些人都已经有了正当的职业；其实质则是最大限度地减少干扰、保护自己。

做局者称自己的行为是“消费投资”，意思是走到哪里就能带动当地

① 考希克·巴苏：《庞氏骗局的“新衣”》，载《南方周末》，2014年6月27日。

消费，带动经济。他们要响应国家号召，完成“为国家培养大批中产阶级”[①] 的任务；而要实现这一“远大目标”，你就必须“吃得苦中苦，方为人上人”，谎称“国家核定”给你的伙食费标准是每天15元（去朋友那里吃饭则交伙食费8元）、住宿费15元，身上的现金不能超过300元，这是“全国统一规定”。可怜的你每天吃不饱、也不敢吃饱，不能抽烟、喝酒、跳舞，过着“苦行僧”的生活，却会对这样的“国家规定”深信不疑；任何超过5元标准的消费都要向上线请示、超过20元要向“经理”请示，包括用自己的钱。为什么？其实质当然就是要让你把钱从牙缝里省出来去做“投资”，同时也是为了考验你。不过前来考察投资的新参与者例外，所有费用都由上线承包，以此来对上线拉你加入施压。

做局者给你安排的每天工作就是上课，上午两节课，下午两节课，每次1小时，每节课的内容各有不同，但都有规定程式，就像学校里按课程表上课一样。另外，每天还有晨会和家庭会，相当于过去的“早请示、晚汇报”。

新人加入后，上线会和另一位成员专门开车去车站或机场接你，非常热情地把你安置在他们一起合租的房子里（便于监视你的一举一动），并且通常是安排你住在最里边（防止你拔腿而逃），不允许在外面住宿。然后，会开车带你去这个陌生城市的主要景点玩上一圈，随时暗示你这里发展有多么好、有哪些“国家支柱型产业”。

从第二天开始，就会想着法子带你去见他们的一个个“朋友”，而其

---

① 这是他们解释“上总”后回报1040万元的“理由”。他们想当然地把中产阶级标准定为千万元资产，而实际上，全球各国从来就没有对中产阶级制定过收入标准，如果真要看收入，一般认为目前在我国家庭年收入6万～50万元即为中产阶级，之下为“贫困”阶层，之上为“富裕”阶层。有兴趣的读者，可进一步阅读本人的另一部著作《中产阶层》。严行方：《中产阶层》，北京：中华工商联合出版社，2008年1月。

实是早就安排好了的、专门为你洗脑的一个个“讲师”。每个人的讲课侧重点不一样，就像语文、数学、英语一样，以便能给你全方位的“教育”和“启迪”；同时，当然也是为了考察你对每门课的领悟能力和程度（通过重复式洗脑，对你加深印象）。他们会鼓励你提问，然后无论你有什么样的问题都有一套标准话术让你哑口无言。就在这种毫无乐趣的生活里，你们就这样互相洗脑，把金钱当作信仰，直至彻底同化。由于大家都梦想着3年后能拿到1000多万元“毕业回家”，所以“虽苦犹乐”。

由于这些地方一般地处城郊结合部或新区，所以每到上课或开会时街上会空无一人，而一到下课或散会时，又到处是你们的同类奔走于各小区之间。走在路上要彼此装作不认识，不打招呼，不谈工作，晚上不能串门。

他们采取军事化管理，订有“二十条管理制度”。你碰到的所有人都是同伙，反反复复讲的都是同一套陈词滥调，你根本接触不到局外人。讲梦想抱负、讲金钱的重要性；讲政府如何暗中支持、市政建筑符号中都有什么样的暗示；讲执法部门对他们态度如何和蔼、即使被抓也什么事都没有……凡此种种，都是对你360度全方位、无死角洗脑的一部分。

再看经济上。你不是贪图不劳而获吗？那他们现在就给你画一张大大的饼，让你看不见摸不着却始终抱有一份念想，让你舍不得放弃。

例如：现在最流行的五级三晋制是按照份额累计计算的，一份3800元（其中含500元礼品费，如一部国产小手机，主要是办理统一“局域网集团卡”所用），最多可以做21份（以后的每份是3300元）。可是，如果你只做1份，给你画的大饼是最终只能拿380万元，做21份即缴69800元最终能拿到1040万元。这样一来，就迫使这些人几乎全都是从21份做起，否则会显得你“没有远大理想”，变相地表明你是“孬种”。

根据规定，每个人要发展3名合作伙伴，其中购买1~2份份额的称为“实习业务员”，3~9份的是“组长”，10~64份的是“主任”，65~599份的是“经理”，600份以上的是“老总”。正所谓“不想当将军的士兵不是好士兵”，所以参与者人人都把“上总”当成奋斗目标，起步也都是从“主任”开始（直接购买21份）。当你达到规定份额并手下至少有2人是“主任”时便可升为“经理”，再当你达到规定份额并手下至少有2名“经理”时，才可以升为“老总”。

这样的制度设计，既能确保既得利益，又能防止有人“占着茅坑不拉屎”（拉人），因为你只有帮助下线一起开展业务，才会得到晋升。在你所缴的钱款中，谎称45%是用于缴“国税”的。非法组织有谁会缴税呢，你想缴也缴不上，因为你没有税务登记，否则你让他们出示纳税单给你看看；况且，也没有税率是45%的“国税”一说。但他们正是用这样一种说辞，一方面掩护资金去向，另一方面蒙蔽部分参与者以为他们真的是合法经营的（否则怎么还要缴税呢），其他的钱则在层层上线中瓜分一空。

你万一有机会“上总”了（这可是你在这个组织中最高的追求），同时也就意味着“出局”。意思是你已经成为“老总”，该去“享福”了，这时候你可以每份额提取380元；而等到你的几个合作伙伴都“上总”了，你就被推到“二平台”，每份额提取57元，然后是“三平台”38元，“四平台”19元，到了“五平台”时你将会获得一张“银监会颁发的（也有说是证监会，反正没人看到过，胡扯一通很好骗）证明资金合法的出局证”。你持“出局证”就可以“优先投资国家项目”、申请无息贷款，同时证明你最后拿到的1040万元是“合法”的。

处在这样的环境中，你的思路会一直被带着走，很少有头脑清醒的时候。你真的就像粘在蛇腹型铁丝网上一样，不必高估你的抗争能力。

拓展阅读

你就是那倒霉的98%

庞氏骗局参与者中有太多的人不相信自己会成为那个倒霉蛋，但其实这只是一厢情愿；因为在这其中有98%的人注定要成为倒霉蛋，你要想成为最前面的2%几乎没有可能，除非你就是做局者。

以五级三晋制为例。假设这五个级别分别是A、B、C、D、E，最低的是E，第1份需要缴3800元，第2份起每份3300元，最多可以一次性缴21份即69800元。有的地方虽然也会限定每人只能买几份，但实际上你给他们多缴钱，他们又怎么可能会不要呢？只是你要变通一下，以别人的名义开户头就行。

按照循规蹈矩的算法：认购1～10份是E。这时候你如果接下来发展一个人，例如称他为a，他也缴3800元，你就会升成D，可以返利5%即190元。如果你再发展一个人，称之为b，他也缴3800元，这时候你的等级虽然还是D，但5%的返利照拿，也即又可以拿到190元。接下来，你如果继续发展第3个人，称之为c，你的等级就随之升到C，返利比例提高到10%即380元，这时候你的累计返利为190+190+380=760元。

现在的问题是，该模式规定每人最多只能发展3个人。所以，你明知可以通过继续发展下线赚更多的钱，也只能到此为止。他们的理由是，这种发财机会非常珍贵，也要让别人公平争取，可不能让你给独占了。而实际上，不用说，这只不过是一种饥饿营销手段。

这时候的你当然也不笨，虽然自己不能出面发展下线，但可以帮助你的下线发展他们的下线，从而一步步推高你的级别呀。

如果你的下线 a 拉到一个人，或者你拉到一个人记在他的名下，其结果是一样的，那就是他依然会重复你过去的过程。当他到你现在这个等级 C 时返利同样是 760 元，但请别忘了，这时候他每拉一个人你都可以从中获得返利 10%，这样你的合计就是 380 × 3 = 1140 元，你的总返利就增加到 1900 元。如果你继续帮 b 也达到这个级别，你的返利就又会增加 1140 元，总返利增加到 3040 元。容易看出，其实你晋升到了这五个等级中的第二级 B，你依然回不了本（当初至少你是缴了 1 份即 3800 元的）。

话说这时候因为你把两个下线都发展到了 C 级，那么你自己的级别也就晋升到了 B，返利比例为 12%。然后，等你帮 3 个下线全部发展到了 B 级，你自己才能晋升到 A 级，返利比例为 10%；而等你的这 3 个下线全都晋升到 A 时，你才可以"上总"出局，返利方式也随之叠加。

很多人会想，按照这样的势头下去，"上总"出局只是时间早晚的事，因为你的下线包括下线的下线他们也在和你一起努力开拓疆域。问题就在这里：许多人都这么想，可是他们始终出不来。

为什么？因为当你晋升到 B 时，后面被你拉进去的已经有一二十人、资金好几十万元，越往后拉人不是越容易而是越难。尤其是有些人梦想着"速富"，所以一开始就一步到位购买了 21 份计 69800 元直接晋升到了 C。这时候虽然起点级别高了，但由于当初投入更大，所以回本也更难。

既然如此，为什么还会有那么多人执迷不悟呢？原因主要有两点：一是他们梦想着有朝一日"说不定真的能上总呢"；二是这时候他们不但自己、而且连亲朋好友的钱也都全部被砸在了这里，即使真的有"上总"机会也不敢"出局"回老家。

试想，你把这一大帮亲朋好友都千里迢迢骗到这里来，把他们扔在这里，自己又有什么脸面回家呢？所以，这些人干脆就把这里当成"收留所"，因为他们实在已经走投无路、无家可归了。

不停换装难以识别

俗话说："万变不离其宗。"虽然庞氏骗局的本质都一样，但其表现形式却各有千秋。就像衣服的基本功能只是御寒，但几乎没有人每天都穿同一件衣服。所以，仅仅给你看一个人的照片而不知道她穿什么衣服，你很容易认错人；更不用说还有"人靠衣装、佛靠金装"一说呢。

许多庞氏骗局同样会想着法子穿着不同的衣服，让他看上去更像是你最信任的亲人，让你不顾一切、前仆后继地扑倒在他怀里。

资本怎样流动才会增值

许多庞氏骗局中都用"资本流动带来资本增值"理论来忽悠人，让人觉得这玩意儿不但深奥还有来头。其实，这句话本身只说对一半。

资本流动会不会带来资本增值，不能一概而论。在商业社会，要实现这一转变，这种资本流动必然要伴随着资本的利用即商品的生产、交换和服务，而不是简单的挪移。换句话说就是，这种资本流动不可能只是纯粹的、孤立的流动，必须依附于商品这个载体，通过对资源进行重组和整合加工，才会导致财富总值的增加。

就好比说，农民花1元钱去购买蔬菜种子，播种在地里，收获后的农产品最终卖了100元，这原来的1元变成最后的100元就不能说是单纯的资本流动，而其实质是在这位农民的劳动下实现了价值增值。同样的道理，饭店买下他这100元蔬菜后，经过美妙的烹饪加工卖给前去就餐的这位农民价格便可能是1000元，而这100元变成1000元也并非是单纯的资本流动，同样体现了商品和服务的增值。

明白了这一点就知道，如果有人对你说，你把1元钱交给他，他转个身就能把这1元钱变成100元，然后返回给你多少元，这种“无性繁殖”不是魔术就是纯粹的骗人鬼话。在这里，资本虽然实现了“流动”，可是它却与“商品”与“服务”毫不沾边，只是简单地一收一付或多收多付，没有商品和服务参与，本身就不会导致财富总量的增加。否则，财富增值速度最快的地方就非超市收银台、银行自动存取款机莫属了。

所以，当你遇到“资本流动带来资本增值”这样的鬼话时，不必被你没听到过这种新名词而唬倒，而是要多问一个为什么，追问究竟是怎么增值的？当然，这样最简单不过的道理也并非参与者不知，其中实在有太多的人因为贪心不足想获取对方许诺的高回报，而不敢质问对方，生怕“得罪”了对方，对方不再相信你、不肯把这样的发财机会给你罢了。

以银行自动存取款机为例，今天你在这里存入1万元，一个月后要想取回1万元，这时候除了本金还能获得2.92元利息。而这种存入、取出就不是单纯的资本流动，而是在这一个月内已经在实体经济那里走了一遭实现了价值增值。具体地说，就是银行拿到你这1万元之后，把它贷给了有需要的企业和个人用于实体经营，并以贷款利息的形式从这种实体经营中分享到部分利润，然后拿出其中的一部分作为付给你的成本。因为这一个月的时间并不长，所以对实体经营的资金帮助作用不能说大，所以无论是你还是银行从中获得的回报率并不算高。道理就这么简单。

相反，那些庞氏骗局中的资本流动就根本没有上述贷款人的角色存在。为了能够“容纳”这些巨额资金，它们往往会虚构一系列眼花缭乱的投资项目。它们一个个体量都很大，或描绘未来对资金的需求量庞大；这些项目大多在国外或老少边穷地区，大多还没开工或只是一种设想，你很难进行实地考察。在这其中，不排除有个别项目是它们的“样板工程”，做局者会将这些“重点工程”进行大肆宣传或组织参观，但这主要是装点门面所用的；在更多情况下，这些“重点工程”的所有权根本就不属于他们，多是“租赁”来的一个“模特儿”。凡此种种，它又到哪里去实现这种价值增值呢？

有人也许会天真地认为，你怎么知道他们没有把这些钱贷出去呢？简单想想就知道，做局者这样做的目的就是为了骗你的钱，他又怎么可能轻易地相信并交给别人呢？再说了，他们当初收你这些钱的时候就是东躲西藏地冒用别人的银行账户或直接收取的现金，又怎么给那些有着巨额资金需求的正规的贷款需求者（这些融资对象都需要有各种正规手续的），否则他的贷款利息进不了生产和经营成本。

真实情况是，如果这些做局者收到的钱不是用于坐收坐支，就必定是用于黑色经济如高利贷、走私、贩毒、洗钱、制假、色情业、贩卖人口、网络犯罪等。试想，让你的资金进入了这样的抗税违法领域，要想收回本息的可能性还会有多大呢？

与正常商业行为交织在一起

许多庞氏骗局很难与正常的商业行为相区分，不是与正常的商业行为交织在一起，就是以正常的商业行为作掩护。在相当长的一段时间内，它在经济上给参与者造成损失，可是又看不出它触犯任何法律。这也使得它很难被及时察觉到，从而及时纳入到明确的监管措施和法律范畴之内。有人认为，**庞氏骗局也和许多商业行为一样具有周期性，就像潮起潮落、月**

缺月圆那样每隔几年就会出现一次高潮或低潮。

许多庞氏骗局开始时很难识别，因为它们不是经过了伪装，就是可能正处于困难时期，所以处处小心谨慎、避免触犯法律，以免“出师未捷身先死”。例如，一些企业遇到资金周转困难，便会首先想到借债，而这时候通常到期会还不上，于是发展成借新债还旧债，根本没有归还的打算，或者说它根本就还不起。至此，它实际上就已经开始进入庞氏骗局。

这时候的这种资金借贷究竟属于正常商业行为还是骗局，外人很难分得清，所以政府常常也持冷眼旁观态度。因为如果管制太严，很可能会伤害无辜，影响企业乃至社会经济活动的正常开展；可是它又不能睁一眼闭一眼，否则一旦铸成骗局，很可能会造成连锁恶性事件。所以，政府通常会用发警示的方式提醒社会引起注意，并适当控制波及范围。

在政府看来，这种借新债还旧债只要能控制在适当范围之内，尤其是只涉及企业自身，危害程度就是可控的。因为无论是个人还是某个具体企业，一般都不会希望走到破产还贷这一步，因为这样做成本太高了。但显而易见，一旦资金链断裂，这借新债还旧债的游戏就会玩不下去。

从企业内部来说，很多公司会向员工发放股票期权，这实际上同样属于一种庞氏骗局。

举例说，一家新创企业给员工的工资水平低于市场水准，但同时会承诺给他们发放股票期权，并许诺这些股票未来会获得较高的利益回报。由于“现在”支出的人工费用低了，所以产品价格在市场上会具有一定的竞争力，更便于销售和获利。公司会从这部分获利中拿出部分来奖励给管理层和骨干员工，补充他们的收入水平，其余的就变相进了老板的腰包。虽然这种做法是流行的也是合法的，但如果企业在竞争中失败，就会导致员工流失，这些期权也就成了一纸空文。即使公司正常运营，企业也会通过发放期权从员工身上榨取到越来越多的利润；更不用说，这时候这些员工本该获得的收益却越来越少了。

例如，在其他条件不变的情况下，一家企业只要多招员工就能让获利成倍增长。某公司 1 月份新招 1 名员工，给他的承诺是除了（极低的）工资还可分得公司当期净利润的 1/2，意思是说和老板对半分；公司 2 月份又新招 1 名员工，承诺是可分得当期净利润的 1/4；3 月份新招 2 名员工，这时候已有 4 名员工，承诺是每个新进员工可分得当期净利润的 1/8。以此类推，企业员工人数越多，老板从每个人身上的获利（榨取的剩余价值）就越大；由于这并不侵害老员工利益，所以老员工也并不反对这样做。但显而易见，员工人数不可能无限增加，所以这个骗局迟早要崩盘。

在这方面，巴西前首富艾克·巴蒂斯塔经营的 OGX 石油公司的破产，就是其中典型一例。该公司的崛起就是用诱人的股票期权从其他企业挖来优秀员工，等到几年过去后企业负债累累破产时，员工和投资人也只好跟着破产。在他的企业帝国里，所有的企业名称里都有“X”，据说就是代表着他希望获得高倍数回报率。

同样的庞氏骗局，也可以发生在政府身上。当政府借新债还旧债乐此不疲、最终还不上或根本不想还时，就会导致崩盘。20 世纪 80 年代早期秘鲁发生的债务危机就是这样来的。政府发行国内信用贷款和国外信用贷款时，预计未来经济形势会转好，政府有能力还本付息；可是，后来由于发生地震灾害，土豆和糖的出口量急剧减少，再加上拉丁美洲债务危机普遍化，从而促使政府偿债能力下降，终于导致泡沫破灭。①

① 考希克·巴苏：《庞氏骗局的“新衣”》，载《南方周末》，2014 年 6 月 27 日。

令君子立于危墙之下

孟子说："知命者不立乎岩墙之下。"今天，常用"君子不立于危墙之下"来形容一个人做人的道理是不该站在即将倒塌的墙壁之下，意即要远离危险、防患于未然。

然而，庞氏骗局却反其道而行之，偏要令许多君子处在这违法、人财两空的危险境地。从这个角度看，绝不要以为那些参与者都是存心骗人、道德败坏甚至凶神恶煞之人；相反，他们中的绝大部分都是那些心地善良甚至不乏"位卑未敢忘忧国"者。但同时又应当承认，他们的金融知识不多，却想通过非正常途径快速致富，所以更容易上当受骗。

例如，参与传销的人都听过一则《石头的故事》。说是一位禅师给徒弟一块美丽的大石头，要他试着去卖掉；但不是真的要卖，而是注意观察每个人的表情。

徒弟首先来到菜场上。有人说这石头很漂亮，可以放在家里做摆设，或者给孩子玩，于是有人想买，但出价不过只是几个硬币。然后，他又带着这块石头来到黄金市场，那里的人愿意出1000元买下它。接下来他来到玉石市场，那些珠宝商们看了以后眼睛一亮，愿意花5万元买下它。可是他牢记师傅的教导不能卖，摇摇头，于是对方加价到10万元。他还是不卖，于是又有人愿意出价20万元、30万元，甚至只要他肯卖，无论出多高的价钱都无所谓！

徒弟回来后把这一切告诉禅师，然后后怕地说："后面这些人简直是疯了，不就是一块石头、长得稍微好看点吗？"禅师讨回石头说："如果你认为这只是一块石头，那么它就是一块石头；如果你认为它是一块宝石，那么它就是一块宝石。"

这个故事的本来含义是告诉人们要自信。可是，如果你处于庞氏骗局中，却会故意石玉不分、颠倒黑白，然后在谣言重复千遍后变成真理，让这些善良的人分不清是非，从而主动踩着做局者的鼓点跳舞。

例如，他们说现在社会发展日新月异、处处充满竞争，处处需要抓住机遇，而现在他们搞“资本运作”“抵制外国商品”，就是要帮助政府解决就业、为国分忧，这是给你提供的最后一次暴富机会，你就会真的信以为真，觉得他们是好人，“因为一般人我还不告诉他”，并甚至感激涕零。

他们套用邓小平的话，不管白猫黑猫抓住老鼠就是好猫，于是你就误认为为了捞钱就可以不择手段。正如卡尔・马克思引用英国经济评论家邓宁格所说的：“一有适当的利润，资本就胆大起来。如果有 10% 的利润，它就保证到处被使用；有 20% 的利润，它就活跃起来；有 50% 的利润，它就铤而走险；有 100% 的利润，它就敢践踏一切人间法律；有 300% 的利润，它就敢犯任何罪行，甚至冒绞首的危险。”①

他们说自己做的不是传销，而是“连锁经营”（或“资本运作”等），是“政府支持”项目，而且还能出示各种伪造的“保密文件”、篡改了的视频给你看。你就信以为真，一听到“大国崛起”“民生工程”这样的标语就热血沸腾，以为这真的是“天降大任于斯人也”，真的像他们所说，只要跟着他们干，只要自己够聪明并理解其中的内涵和运作诀窍，两三年后就能有几百上千万元的获利，为此现在不管欠下多大的债都“不是多大的事儿”。

所以别笑，在庞氏骗局的参与者中还真的有人在仔细研读《资本论》，试图探求这种“操作资金的高级行为”究竟能从卡尔・马克思那里找到什

① 卡尔・马克思：《资本论》第 1 卷，《马克思恩格斯全集》第 23 卷，第 829 页注释。北京：人民出版社，1972 年 9 月。

么样的理论依据。许多概念本来是他们胡编乱造的，你明知听不明白（这正是他们想要达到的效果，显得他们高深莫测），却还要在那里整天冥思苦想，想理出个头绪来，这又怎么可能呢？

他们说之所以要“封闭式经营”，是因为该项目“只扶持不发达地区”，而且“不能对外公开”，否则“让别人知道了许多人都会加入进来，这样就轮不到平民百姓参加了、国家就会混乱”，好像他们不知道现在已经进入网络时代，事无巨细网上都能查到似的；他们说受到国家打击，是国家故意这样进行“宏观调控”的、目的是想吓退一部分不坚定者，同时也是为了帮助控制人数；他们说因为是政府暗中支持的“国家行为”，报警也没用（而实际上这类案件数量众多，金额不大，又不限制人身自由、全靠洗脑，所以报警后确实是多做登记了事）；他们实行公平分配、“制度面前人人平等”，而实际上是用这种办法来避免内讧（庞氏骗局报警后取证艰难，堡垒最容易从内部攻破）；他们认为自己和保险是一样的，所以是合法的（其实保险提供的是服务，你现在出 5 千元投保车险出事后能赔你 50 万元，而庞氏骗局却是有去无回，上线的钱永远是从下线中来的）；他们说传销是虚拟金融、虚拟经济……反正，他们说的一切你都信，而且非常虔诚，是犹如宗教一般地信。

殊不知，所有这一切，他们都在把你拉到危墙之下，不仁也不义。

拓展阅读

美洲矿业变脸成珍宝币

许多庞氏骗局难以识别，与它是一条“变色龙”有关。做局者眼看这计行不通了，马上就会变着法子新上一招，让人目不暇接或心存幻想，于是只好稀里糊涂地跟着他们走，直到发现走入死胡同。

2010 年，移居美国的中国商人陈某与其儿子两人成立了一家名叫 US Fine Arts Investment 的企业（以下简称 USFIA），从事琥珀等产品销售。

由于业务并不顺利，所以公司迁址并改中文名为“美洲矿业”，声称公司旗下在多米尼加共和国拥有琥珀矿、海纹石矿、奥秘娜珠宝加工厂等（不知道这些矿业是怎么突然成为他们的），并且提供了两页西班牙文证明文件（事后证明这份文件并不能证明这些矿和美洲矿业有任何关系）。

但正是这次改名，让该公司走上了一条庞氏骗局之路。开始时，美洲矿业卖股份送琥珀，后来又换了个花样，改为卖琥珀送股份。

在剪过一批批羊毛之后，2014 年 9 月美洲矿业改名为美国富豪集团，不再发行股份，取而代之以发行虚拟货币珍宝币。发行珍宝币这件事很滑稽，因为任何虚拟货币本来是没有发行机构的（称之为“去中心化”，有发行机构的最多是电子货币），可是珍宝币却是由美国富豪集团“发行”的，它声称由美国富豪货币基金（事后查证根本没有这样一家机构）在全球各地的宝石矿做价值担保（而实际上虚拟货币不可能有实物担保，有实物担保的就不可能是虚拟货币）。

就这样，一句话就把原来参与者手中美洲矿业的“股份”变成了美国富豪集团发行的“新一代虚拟货币”珍宝币。

为什么要这样做？他们声称是为了“借虚拟货币在全球兴起之力”发展“互联网电商”，为此对参与者承诺说，珍宝币比比特币更好，比特币从 2009 年的发行价 0.06 美元到最高时的 1242 美元增值了 20700 倍；现在珍宝币在 2014 年 9 月 1 日的发行价才只有 0.05 美元，按照这样的类比将来增值空间更大，参与者以后个个都将是亿万富翁。

虽然这样的说法不啻于痴人说梦，但依然有人趋之若鹜。短短几个月内，美国富豪集团就由此收到几十亿美元的资金。

值得一提的是，当初美洲矿业章程中规定的可发行股份只有100股，在未修改公司章程并在州政府登记的情况下，任何对外“发行”超过100股股份的行为均属非法；而这种以传销方式推销股份的行为，更是违背了美国联邦证券法。更不用说，许多参与者支付上千美元、上万美元甚至几十万美元后，并没能得到任何股份证书，甚至连张收据也没有。而到后来珍宝币也一直未有交易，所以就根本谈不上有任何价值，几乎所有参与者居然没想到这珍宝币其实根本就没有任何地方能派上用场。

根据该公司在网站上的介绍，珍宝币的价格是根据他们售出的琥珀数量来决定的，每卖出8万美元的琥珀，珍宝币的价格就上涨0.0001美元。换句话说，如果他们能卖出8亿美元的琥珀，珍宝币的价格就值1美元。

鬼才知道这种比价关系的依据在哪里，但从中有一点却明白无误，那就是：你买的琥珀越多、珍宝币的价格就越高，你从中获得的回报就越大。换句话说，它发行珍宝币的本质依然是为了销售琥珀。而参与者购买了珍宝币，以为真的能得到某种虚拟货币，但实际上得到的却是美国富豪集团“奉送”的琥珀（事后鉴定，该琥珀价值不到所标榜的1/10）。

他们还承诺，参与者一次性投资1000美元，便可获得1个琥珀及2万个珍宝币积分，这种积分既可以换购其他物品也能折现，号称以后能增值五六倍以上；一次性投资1万美元，可得1部苹果手机，上线可得7.5%的提成；发展下线超过10人，便可以参加环球旅行，并参观美国总部。

美洲矿业这一庞氏骗局漂洋过海进入我国大陆后，向参与者分别收取1000美元、2000美元、5000美元作为入会资格，然后让他们通过不同层级拉人头获利。截至2014年6月，已在我国发展会员180多层级，共8万多人，敛财超过10亿元人民币。不知他们是否得知，仅仅在我国超过10亿元购买的所谓原始股，其总股本也才只有100股。

2015年10月，当警方逐一联系浙江临安退休教师王某发展的上百名下线、告诉他们珍宝币平台在美国已被查封时，他们还在一个个做着海外投资的梦。就这么一个简单的骗局，却因为做局者眼花缭乱地频频变脸、参与者过于追逐其中的“激励机制”和“丰厚回报”，终于疯狂一时。

第六章

庞氏骗局必定崩盘

多行不义必自毙。庞氏骗局的结果必然是崩盘。所有年回报率超过20%或者你知道这是骗局的都应及早远离，君子不立于危墙之下；如果你觉得有火中取栗的本事也可一试，但后果自负。

庞氏模式的致命弱点

庞氏骗局虽然能在短时间内积聚起大量的资金，但迄今为止没有一种方式能够让它软着陆；当资金进入不再时，该金字塔只能选择倒塌。

从历史经验看，庞氏骗局最短的只有半天，最长的为20多年。前者如恒金贷，上午上线下午便卷款潜逃；后者如传媒大亨卢·珀尔曼所设骗局，在长达20多年时间里，一直让参与者投资两家只在媒体上出现的虚假企业，2006年案发后被判25年监禁，涉案金额3亿美元，他自己于2016年死于狱中。总体看，庞氏骗局的生命周期多为1年、3年及5年。

先来看看庞氏骗局都有哪些致命弱点。

几何级膨胀不可持续

庞氏骗局采用的是几何级拉人原理，而这就势必会导致这种局面不可持续，蹦跶不了多久。

就好比大凡癌症患者，最怕听到的一句话是“癌细胞扩散”，因为它沿袭的就是这种几何扩散原理，其潜台词是“没救了”。从这一过程看，癌细胞扩散前的转移也有很多困难，首先要经过数十次变异，然后才能从细胞间的黏附作用中脱离出来，改变现状，穿过致密结缔组织，成功逃逸后潜入微血管进入血液，然后才能进入新的器官。在这一路过关斩将中，它随时会遭到白细胞的围追堵截，最终成活率只有亿分之一。只不过，这最终存活下来的癌细胞又会通过几何级再生和定植，迅速繁殖、置人于死命。从这个角度看，庞氏骗局和癌细胞扩散倒颇有几分相似之处。

请看下面这张图。

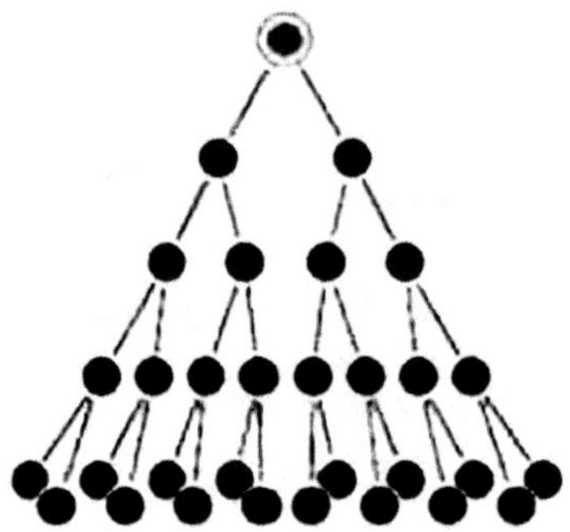

这是一张简化了的庞氏骗局组织图。位于顶端的做局者如果想要骗 2 万元用用（他当然不能对外说是骗，而一定会说是借，并且是会付利息的，而且利率还不低），就会首先从身边的亲朋好友下手，开口“借”或“吸收投资”，越是贪婪的人越是理想的下手对象。假如他向参与者承诺，你现在给我 1 万元钱，一个月后我将还给你 2 万元，这种高回报的承诺就一定会使得他轻而易举地就从 2 个人手中各收到 1 万元本金。

因为他的本意是骗，所以根本就没打算还这些钱，可是到时候又不能不还，否则不好交差呀！怎么办？到了第 2 个月结束时，他需要向第一层的 2 名参与者各付出连本带利 2 万元了，这时候如果依然是过去那样的承诺，至少要找到 4 个人才能维持基本运转；到了第三层，他需要找到 8 个人垫背；到了第4层，则需要16个人垫背。在这个过程中，就形成了2^1、2^2、2^3、2^4……的人员扩张图。

容易看出，在这其中，100%的回报率使得做局者只能“助人为乐”，他本身无法一步步扩大益处。所以，实际情况是每期的回报率都必然会低于100%，这样才能确保做局者能够从中盈利，并且这种盈利能够随着人数的几何级增长也呈几何级膨胀态势。

但所有这些都只是一种理论上的算法，当有朝一日参与人数无法满足这种几何级增长要求时，骗局便会轰然倒塌。

再完美的控盘也靠不住

做局者虽然也知道骗局早晚要进行不下去，所以总会设计一种完美的操作手法，试图最大限度地维持原有局面；但显而易见，哪怕是最完美的控盘也控制不住，休想找到他们所要达到的完美和长久。

例如，庞氏骗局的控盘模式通常有：首先，为了避免产生泡沫，他们会限定一张身份证只能开一个账户，或者只有什么样的身份才能参与该游戏，以此来控制单股资金流；其次，会通过部分资金用于市场返利、其余资金用于各项配套的方式，来引导和分流平台资金；再次，当参与者满仓时强行卖出或通过“上总”出局的方式，来避免老参与者持股不卖、新参与者无法进入的僵局，称为“控进不控出”；最后是“双盘循环”，即参与者卖出产品或“上总”出局时要缴一笔“税”，以此来作为平台的盈利点，其余部分则规定要有一定的比例进入平台内循环（限制卖出），从而避免参与者竞相抛售引发价格下跌而加速崩盘。

但显而易见，所有这些措施“看上去很美”，其实漏洞百出，其主要目的只不过是针对人性弱点给人以一种“投资安全”的假象而已。

以“TBC一通宝”为例。该平台宣称，参与者只要投资1000美元购买他们的“TBC股”，最快3个月就能赚1倍；如果能拉到新会员，还可以获得更多的动态奖金，平台成立5个月时就已经打造出数百位“百万富翁”来。而其实呢，这种“TBC股”实际上只是他们发行的一种游戏币，言称限量发行100万股，以后永不增发，并且价格只涨不跌，以此来吸引玩家争相涌入。

为了做到这一点，平台设置了很低的准入门槛，只要投资100美元就能成为普通会员、300美元一星会员、500美元二星会员、1000美元三星会员。因为他们知道，门槛越低，参与者就越多，就越能把这种虚拟币的价格炒上去，人为制造一种稀缺资源来。与此同时，为了配合炒高价格，参与者星级越高获利速度越快。平台规定，参与者投入的1000美元资金中必须有一半用于配股，从而通过把这50%的“TBC股”沉淀下来，人为制造供不应求局面。而当这500美元的配股“上涨”到当初投资时的1000美元时（称之为“满仓”），则必须强制卖出25%，挤出一条缝来让新参与者加入，剩下的再如此这般进行循环投资。

以上还只是“静态收益”，除此以外，参与者也可以通过发展下线以更快的速度获得“动态收益”。第一是“推荐奖”，比例为新参与者投资额的8%。第二是“对碰奖”，举例说，如果你同时推荐2位会员加入，平台会自动把他们分到左区和右区，如果他们2人同时投资1000美元，那你作为推荐人可获得1000美元的8%的奖励，如果两人一个投资1000美元、一个投资500美元，你就只能获得金额较小者即500美元的8%，另外的500美元要等下一位新参与者加入才能得到。这也意味着他们两人又可以继续发展他们的下线，从而在人员上构成金字塔式排列。第三是“管理奖”，你的下线包括下线的下线发展新会员后的参与者，你都可以从中提取5%的奖励，虽然绝对数量看上去似乎并不大，但一旦呈金字塔结构垒高后便会很可观。①

这样的一系列措施看上去好像严密无缝、稳如磐石，但实际上经不起一击，那就是，如果没有新参与者加入或供过于求，所有措施都会停摆，之前的所有繁荣包括“永不跑路”的承诺都会像泡沫一样消失。

支付能力会盛极而衰

所有庞氏骗局的开头，都会资金流入大于流出，所以有足够的支付能力兑现任何高回报率承诺；而到最后，这种支付能力必定会由盛转衰，这不是因为加入这个队伍的参与者越来越少、“资源几近枯竭”，就是遇到某种突发事件导致资金调度不过来。而每当此时，就离崩盘不远了。

究其原因依然在于，庞氏骗局的实质是用后来者的投资支付之前参与者的回报，并不产生实际收益，所以必定会坐吃山空。

在这种情况下，只有当后者流入的资金数额大于对前者的付出，也就是说现金流是流入的，做局者才有足够的支付能力；一旦现金流方向是负的即流出，做局者无力兑现之前的对外承诺，资金链马上会断裂。而一旦资金链断裂，这个游戏也就玩不下去了。“三十六计，走为上”，这时候做局者必然会溜之大吉，哪怕是“躲得了初一躲不过十五”，也会“好汉不吃眼前亏”，否则必定会“死得很难看”。

---

① 北京商报金融调查小组：《TBC一通宝理财外衣下的庞氏骗局》，载《北京商报》，2016年9月18日。

实践表明，任何年化收益率超过20%的投资，都会对这一链条的支付能力构成严峻考验。也就是说，这样的投资行为寿命更短、更容易崩盘。

例如，这方面最狠的是“天天分红”平台。它号称投资人在睡觉时都会有钱自动打进账户，并且每天都分红。这样的平台可不止一家，而是有许多家。它们大同小异，声称只要你会上网、会用QQ、会发博客、会用微博就能利用该平台赚钱，并且承诺年化收益率超过100%、比定期存款多赚30倍，再加上可以随取随用、天天计息、月月分红、进出免费，所以吸引了相当多的参与者。

但有一条他们也是做得够绝的。针对有参与者为放心起见，主动要求上门缴款，他们一概予以拒绝，理由是接待人手不够；如果你非要上门，投资门槛则会相应提高到3000万元（也有的平台是30万元）。

他们虽然也会和你在网上签订合同，但合同公章却是用电脑软件拼凑起来的，实际上并不具备任何法律效力；协议中也根本没有资金去向、项目内容、收益如何分配等，名为投资、实为借贷。①

但在这么高的收益率诱惑下，许多参与者便开始忘乎所以，更不用说多数人根本不懂上面这些诀窍了。所以，通常的做法是，开始时会先投几百元试试，而当发现分红确实很可观、并且真能随时提取资金时，当然便会继续追加投资了。可是没想到，一旦你不再追加投资，平台就会立刻让你的账户密码失效，从而无法返回本金。所以，当一些参与者发现账号登录不进去、客服也联系不上时，就知道自己被骗了。而这时候你已经来不及了，过去的本金连同所谓的分红全都消失了。

---

① 华青剑：《“天天分红”网络理财骗局大起底：睡觉时仍有钱入账》，中国经济网，2013年10月9日。

拓展阅读

9年之痒的亚盟熬不住了

2007年，重庆成立了一家名为亚盟产业集团公司基层联合工作委员会的投资公司。10月，该公司在上海成立了一家上海亚盟资产管理公司，注册资本3000万元，持股比例76%。“亚盟资产”业务范围主要在重庆、上海、北京等地，但客户主要在重庆地区，采用高利率方式吸引参与者，其中主要是中老年人。

一直以来，“亚盟资产”都以这样的方式运转着。2013年7月，重庆市有5家P2P网贷平台因涉嫌非法集资或非法从事金融业务被相关部门查处，“亚盟资产”即是其中之一。当时其法人代表白某想方设法兑付了相关债权，业务上也没有撤离重庆，后来又发展起来，并在重庆开设了7家分公司。直到2015年11月左右出现兑付困难，原因是当时对外借出去的资金已难以收回。

而截至公司被查封时发现，该公司账上并没有钱，据说大笔资金投到了成都一家旅游集团，用以开发位于四川绵阳的白马王朗景区。

而在此前就有参与者质疑这一决策：白马王郎景区刚刚开始建设，只有大量的资金投入而不会有产出，到时候又怎么能兑现投资人的本金和利息呢？对此公司的回应是：“没有产出并不代表没有价值，通过引入新的旅游产业基金来退出，这个优质资源是非常稀缺的，否则当年刘汉（原四川汉龙集团董事局主席）也不会拿在手上。”

由此可见，该项目从刘汉手上接下来就实属冒险，而项目资金的期限错配则可能成为压垮该平台的最后一根稻草。

为了弥补资金窟窿，该公司开始运作“卡卡易”“7天存”等产品来兑付前期利息，最终导致庞氏骗局破灭。

从这种“7天存”合同上能看到，借款的双方是上海两家企业，对参与者承诺的年化收益率可达10%左右，投资期限3~6个月不等。

但值得一提的是，这两家企业一家是“亚盟资产”关联企业，另一家则是“亚盟资产”旗下的P2P网贷平台。说到底，它们依然是一伙的。协议上虽然载明借款方以其持有的金融资产作为质押物，质押率不超过80%，可是并没有写明具体是什么质押物，参与者也并没有看到究竟是什么质押物，所以，这仍然可能是空的。[①]

① 闫沁波：《重庆亚盟陷数亿兑付危机，9年“放水”生意难以为继》，载《21世纪经济报道》，2016年3月1日。

无法抗拒的高回报率效应

庞氏骗局必定与高回报率相伴。一方面，非高回报率无法迅速吸引到大量的资金，会延长行骗时间、抬高时间成本甚至导致功亏一篑；另一方面，高回报率又会加速骗局破灭，无法让骗局善始善终。

可以说，高得离奇的回报率是庞氏骗局的一大特征，许多参与者当初就是冲着这种高回报率飞蛾投火，并最终自焚或被焚的。

纸终究包不住火

大凡投资，当然都想追求尽可能高的回报率；如果非得再加上一句话，那就是其投资风险要在自己能够承受的范围内。这一说法理论上绝对没错，可是如果遇到庞氏骗局，再高的回报率的纸也包不住资金匮乏的火。当资金匮乏之火燃起，原先的高回报率承诺便将一文不值。

泛泛而谈这个问题容易让人昏昏欲睡，下面举泛亚公司的例子来说明。

泛亚公司号称全球规模最大，并且经常见诸报端，让人觉得该公司是一家声名卓著的大企业。那它又是如何实施庞氏骗局的呢?

以它在行业内一直争议不断的铟交易模式为例。泛亚公司的铟交易商分为两大类：一是交货商；二是投资商。前者向泛亚公司支付上千万元获得卖出交收货物的购买资格；后者通过泛亚公司的代理机构开户，把钱打入对方账户，从而获得每天万分之2.85至万分之3.56的委托日金费（递延费）收益，相当于年化收益率13.5%。

不用说，如此之高的年化收益率当然会引来许多投资商。据该公司公布的数据，截至2014年9月末，资产管理规模就已超过377亿元，为实体经济导入民间资本近300亿元。换句话说，就是它从投资商那里吸收来的资金规模为377亿元、付给交货商近300亿元（比例约为80%），给投资商的回报年化收益率约13.5%。

具体过程是：交易时交货商自己在平台上操作，而投资商则由代理进行操作；交货商把货物交给投资商，投资商则把货款交给交货商。交货商拿走80%的货款，剩下的20%作为多单保证金留在泛亚公司；而投资商购买了铟之后则不需要支付保证金。泛亚公司把留下20%保证金的这一做法，称之为自己独特的生产商回购制度，也就是要求你拿出这20%的钱来开一个多单，从而不至于把产品价格压下去；同时，这20%的资金又正好用来支付递延费。投资商手里因为有铟的埋单，所以能够提出交收申请，否则每天可以获得相当于年化13.5%的收益；而交货商因为持有卖单，所以每天需要支付万分之五的递延费，相当于年化收益率18.25%。这两者之间的差额4.75%，便是泛亚公司及代理的收入。

作为投资商来说，年化13.5%的收益率固然很有吸引力，可是又有哪个傻瓜交货商愿意支付年化18.25%的递延费呢？这是很显然的，但泛亚公司自有办法：它通过确保铟的价格高于现货市场价25%～30%、每年增长20%左右来保证交货商利息不但不受损，而且还能从中有利可图。

举例说，2015年8月时铟的现货市场成交价为每千克5010元，而在泛亚平台上的价格则是7170元。换句话说就是，交货商这时候按照每千克7170元的价格成交，虽然只能拿到80%的货款，但也已经有5736元了，已经高出当时的现货市场价 14.5%。后面那 20% 即使拿不到也无所谓了，实惠已经到手了。

从这个角度看，交货商是非常支持并愿意配合泛亚公司推出这一举措的，在它们手里永远都持有不平仓，即使有人想买也买不到，因为根本就没有人卖，这些渠道都被泛亚公司垄断了。如果说泛亚公司是最大的得益者，那么这些交货商就是第二得益者。

再来看铟的价格是每年上涨约 20%，而交货商每年支付的递延费就要 18.25%，这也就意味着它们留在泛亚公司的 20% 的保证金差不多只够缴一年的递延费，所以它们根本不怎么关心保证金和递延费的问题，只当它们两者相互抵消掉算了，任凭泛亚公司去进行处置。

与此同时，一方面，因为这里的铟价格每年都要上涨 20%，所以没有哪个傻瓜真的会想在这里买，它宁可每年拿 13.5% 的回报；另一方面，又由于交货商在这里卖出去的实际价格在扣除 20% 的保证金后永远高于市场价，所以卖者踊跃，导致泛亚公司的铟只有进没有出。针对这种供需矛盾，泛亚公司根据自己对资金的需求量来决定收储铟的规模，一时间库存高达 3500 吨，足够全中国消费 150 年。

不知读者有没有看出，泛亚公司通过每年涨价 20% 只能做到让交货商不用补缴保证金，但它支付给投资商的递延费则需要实实在在的付出。要想解决这个矛盾，就必须吸引越来越多的投资商进场，才能满足这一资金需求；而更多的投资商进场，又会带动更多的交货商进场、让它们留下更多 20% 的保证金。一旦这种进场速度减缓或无人进场或短时间内价格下跌 20%，就会面临崩盘。这时候这些投资商可拿不到本金和收益了，而会是价格昂贵的质押物铟。再加上泛亚公司本身拥有 3500 吨库存铟，一旦流入市场也必然会引发全球铟的价格暴跌，从每吨几百万元甚至上千万元迅速暴跌到 50 万元（历史低价曾有 30 万元），使得手中拥有巨量铟的投资商们损失惨重，甚至血本无归。

可以看出，这种交易模式的实质是：铟从市场流入到泛亚公司，可是从来没有从泛亚公司再流向市场，所以它一直是在利用后来投资商的钱支付之前投资商的递延费和其他各种短期回报；通过人为抬高内部价格、制造赚钱假象，通过分布在全国的400多家代理机构一味强调高收益率和每天资金安全实时到账，来骗取更多投资商进场，把泡沫越吹越大。而等到真的崩盘时，投资商必定会直接找代理机构去索赔，这样自己就能金蝉脱壳了，借此逃脱应尽的责任和义务。①

在这一庞氏骗局中，泡沫破灭后最大的受害者其实是银行，因为无论交货商还是投资商，它们都有大量的银行贷款；而受害最直接的是投资商，因为它们的资金除了自有资金外，就是通过银行销售泛亚理财产品所得到的资金，这个屁股只能由投资商自己去擦了。

边玩边赚钱，别高兴太早

许多庞氏骗局引人入彀的原因，除了高额的获利回报，还有一种“大家庭”般的“情趣”和“乐趣”在内。这就是他们所声称的“边玩边赚钱”。有道是“乐极生悲”，这种边玩边赚钱往往是让人高兴得太早了。

例如，一家以“玩商”新模式大肆宣传的平台“WV梦幻之旅”，就打着“旅游直销”“边旅游边赚钱”等噱头来吸引资金和发展下线。他们号称你只要有一部手机、一个微信，轻轻松松地就能每月赚到1万~15万元。按照这种说法，似乎人人都不用去上班、全都应该干这

① 谭娜：《中国版“庞氏骗局”分析——泛亚交易模式之我见》，载《期货日报》，2015年8月13日。

个了。

“WV 梦幻之旅”的全称是“World Ventures”，口号为“you should be here（你应该在这儿）”。这是 2014 年创建于美国的一家推销低价旅游的直销组织，目前在我国发展迅猛。由于通过微信等移动平台发展会员，并且又是人见人爱的旅游活动，所以会员人数动辄就上万。

他们每个人都有三四个微信号，首先把好友建成 50 人一个的微信群，然后让好友拉人进群，在有了自己的微信群之后，就把群里的陌生人全都加为好友，然后告诉他们建群的目的，同时到各个群里去找 1∶1 换群。按照这样的速度，每个人三天内建几百个群不成问题。

而这些人要想成为会员，首先要提供身份证和银行卡的照片以及手机号码，然后一次性缴 300 美元会员费进行注册，以后每个月缴 100 美元月费；不过，如果你发展了 4 个会员，就可以终身免缴月费。每 1 美元都能化为“WV 梦幻之旅”的点数，用于购买旅程；而每发展一个会员便可以获得 50 美元和 200 个点，推荐的人越多、赚的钱就越多。

“WV 梦幻之旅”的奖励方式有对碰奖、连续奖、车轮奖等。以连续奖为例，如果你在 28 天内发展 3 个会员，就能额外获得 100 美元奖励；再发展 3 个会员，可以获得 150 美元奖励；12 周之内你的血缘团队（包括你的下线发展的下线）达到 45 人，还可以一次性获得 5000 美元奖励。此外还有车轮奖、对碰奖等。据称，VIP 会员一共有 6 个等级，月收入最低能达到 5 万元、最高能有 90 万元。

“WV 梦幻之旅”没有固定的经营场所，没有任何经营设施，所有销售都在网上进行，但却没有在我国取得直销许可；而他们外出旅行的住宿和餐饮也比较有档次，只是根本没有出去玩，其实质是在会议室里接受洗脑。说穿了，这就是一种庞氏骗局，只不过是把遮丑布“产品”换成了“旅游”。它完全是在依靠扩大会员人数、用后来者的钱给现在的你进行

"提前消费"；一旦会员数量到达瓶颈，轰然倒塌就不远了。①

泡沫破灭后一地鸡毛

庞氏骗局破灭会引发一系列问题，甚至造成政局动荡和社会更替。

例如，1996—1999 年，阿尔巴尼亚的许多庞氏骗局做局者承诺能够提供绝好的收益率，就最终导致 7 个骗局集聚了 20 亿美元的资金，相当于阿尔巴尼亚全年国内生产总值的 30%。参与者对这些骗局的强烈热情，以致在 1990 年的地方选举中执政党还在竞选海报中加入了庞氏骗局基金的符号，以争取这些新富的支持。可是到了 1997 年骗局崩盘时，愤怒的抗议者抢劫银行、焚烧建筑物，最后政府不得不动用军队来平息动乱，并导致总理亚历山大·迈克斯的辞职和内阁的解散。②

拓展阅读

泛亚这样吃唐僧肉

2011 年，昆明泛亚有色金属交易所开业，其投资热浪令市场震惊，号称是全球规模最大的稀有金属交易所。最终因为资金链断裂，导致 20 多个省份 22 万参与者的 430 亿元资金难以讨回。

泛亚董事会审议通过的《2013 年度财务决算的议案》显示：当年该公司实现销售收入 3.62 亿元，同比增长 216%；利润总额 2.07 亿元，税后

---

① 许莉芸：《边旅游还能边赚钱？传销花样又"创新"》，载《新快报》，2016 年 7 月 18 日。

② 罗伯特·席勒：《放大机制：自发形成的庞氏骗局》，载《哈佛商业评论》，2013 年 10 月 29 日。

净利润1.73亿元、同比增长371%；交易所资产规模比年初增长309%。财务报表显示，2013年年初公司货币资金余额1.11亿元，年末达到2.86亿元，这还不包括暂存的、无权支配使用的结算资金余额17.49亿元。这表明，该公司的钱多得实在不知道该怎么花。

接下来能看到，2014—2015年间该公司大量注册合伙企业，总数达到近400家。这些企业都具有两大特征：一是无论注册资本是几千万元还是上亿元，但实际认缴资金往往都是0；二是这些“0元合伙企业”在“泛亚”旗帜下采用统一模式运作，一起圈钱、骗钱、洗钱，一起开吃“唐僧肉”。这些“生产商席位”需要每年上缴年费50万元，此外还有年度管理费等。而当后来出事后，便马上整顿、缩减到41家，如此这般“挥泪斩马谡”的目的，就是为了割席断交、避免牵连到泛亚公司本部。

这里的唐僧肉主要有两大块：一是泛亚公司规定，不会和与其签订协议的生产商（会员）之外的竞争对手或潜在对手进行合作，而这就给了该会员一定的垄断地位，可以让其拥有定价话语权、获取垄断利润。

举例说，在稀有金属锗的交易方面，仅有云南临沧鑫圆锗业股份有限公司（简称“云南锗业”）一家生产商，所以，如果云南锗业不参与交易，那么所有要买锗的参与者即使选择了实物交割也无法取得实物；相反，所有卖家也是如此，只能被动地每天缴延期交割费给申请交割的买家（每天万分之五），别无他法。而这样一来，如果大家都买锗，就很容易把锗的价格炒上天。

要知道，2011年8月锗的市场价是每千克1万元，而泛亚锗的价格被炒至1.7万元，但云南锗业就是不卖货。多位参与者从2011年7月末开始就要求泛亚公司卖锗赚钱，但因为双方彼此早已私下达成协议，所以根本不予理睬，而是通过打爆空头侵吞股东利益。

二是开发出了一块名叫“商业收储”（后来提升称“为国收储”）的“融资产品”。公司对外宣称每天新增客户500个、每月新增客户资金20

亿元。而如此大规模的收储，就必定需要拥有巨额资金，为此在全国广招授权服务机构包括银行，发售“日金宝”理财产品（又称受托业务），宣称保本、零风险、存取自由。

在上述提到的每天万分之五的延迟交割补偿金中，泛亚公司拿万分之1.25，投资者拿万分之3.75，这样预计年化收益率就是16.4%。根据承诺，日金宝的融资期限为180天，即180天后会自动还款交割，但后来的实践证明，这完全是一种幌子。但即使这样，由于日金宝产品由银行担保，所以参与者依然趋之若鹜，而泛亚公司全年也可以从中提成近5%，仅此一项，2011—2015年间共抽水约39.23亿元，其中泛亚平台分得11.78亿元、其他几百家授权机构分得23.05亿元。

2015年3月2日，单某将天津盛富商业保理有限公司法人代表变更为其哥哥（美籍），9月9日香港意马国际发布的《2015中期报告》中披露，董事会主席单某夫人、执行董事张某辞任泛亚副总裁，温某于7月1日辞任泛亚财务总监。所有这些，都让参与者怀疑自己的资金已被转移至海外，先让最知道内幕的老婆和财务总监离开是为了毁灭证据。可笑的是，这时候泛亚公司却居然否认发行过日金宝这样的理财产品，但事实胜于雄辩，你能掩得住那么多受害者的嘴吗?

另外就是，泛亚公司还通过与国家统计局签订国家大数据战略合作协议、广泛参与国家相关部委稀有金属产业政策制定等，影响国家战略决策、造成行业畸形发展。它通过恶意收储铟等稀有金属，导致我国彩电业全线崩溃。举例说，泛亚公司拥有3600吨铟储存，接下来即使我国所有铟厂家全线停产也需要消化十多年，而实际上目前已经全行业接近停产了。[①]

① 《泛亚金融骗局破产430亿难追讨，公司高管被限制出境》，载《每日经济新闻》，2015年9月18日。

资金集散总有感冒时

庞氏骗局究竟能行骗多久，主要取决于其资金运转。因为其实质，就是一种纯粹的资金运动，所谓投资及其回报以及其他的项目、荣誉和内部分配制度等，都不过是在这棵大树上伸展开来的一些枝丫。

之所以说所有庞氏骗局终要破灭，也是从这种资金集散早晚要出事这一基本判断出发的。无论该平台做局者是想做长还是做短，最终都会因为资金周转不灵而形成过不去的坎；尤其是当遇到政府打击和宏观经济环境不利时，就更会加剧这一崩盘过程，这是毋庸置疑的。

步子迈得大容易跌跟头

一个人也好，一个企业或项目也好，一个国家也好，最理想的状态是稳扎稳打、步步向前，迈小步、不停步，而不是忽紧忽慢，更不是踉踉跄跄。如果步子迈得过大，就势必会因为过于冒进而跌跟头。

为什么步子会突然迈得大？这既可能有内在因素，也可能有外部因素。从前者看，可能是对自己过去的表现不满足，今后要快马加鞭赶超某人、某国；从后者看，可能是国内或国际大环境“催人奋进”造成的。

庞氏骗局中有许多就是这样来的：不是利用这些急躁的人、激进的项目急于求成而“下药”，就是由于形势变化太快来不及转弯而折戟沙场。

但它们有一点是共同的，那就是民间所说的“想发财，必倒霉”！

某房地产开发商老板为人低调、克己勤勉，白手起家，终于在2011年建成一楼盘。虽然房地产开发盈利丰厚，可是由于他都是借的高利贷，所以19亿元本金这时候利滚利已翻至40亿元，即使把楼盘全部卖出也不过10多亿元，而当时房地产市场又在看涨，所以他不惜捂盘，决定等价格涨涨再出手，这样就又“一切圆通”了。

可是没想到，当他精装修完工后，房价开始下跌，他更舍不得卖了。房价天天向下，利息天天向上，剪刀差越来越大，全部卖出也不到40多亿元的一个零头了，讨债队伍每天堵在门口，唯有崩盘一条路。更令人心寒的是，前来哭丧着脸讨债的几百个人不是兄弟就是同学，其中不乏身居高位的亲朋好友，全都把他们拉下了水。

像这种借高利贷的“民间融资”太多了。这些企业家之所以会走上庞氏骗局之路，一方面是急于把企业做大、不惜承诺越来越高的利率四处融资，有激进冒险意识而无风险概念，以为“借到就是赚到”，只要把钱交给我，就能让你赚更多的钱。这些人一开始是认真的，并没想骗人，但到后来实在周转不下去时就开始了半真半假，到最后变成彻底蒙人。

而这些企业家的行为，一定与当时的宏观环境紧密相连。就以上面这位老板为例，他开发该项目时正好遇到2008年全球金融危机爆发后，各国政府都在拯救经济，我国政府也推出了4万亿元规模的救市计划。银行挨家挨户地上门拜访、哭求企业借钱，这在历史上可从来没有过；而这时候许多企业稍微整理点资料交个差，就能从银行手上把贷款拿了。银行完成了政治任务，企业也有钱去铺开新的摊子，似乎双方皆大欢喜。

而到了2009年7月，经济形势稳定下来了，至少对金融危机的恐惧感已过，所以政府要开始收紧信贷了。内部风一吹，上证综合指数立刻从2009年8月4日的最高点3478点跌到9月1日的最低点2640点，不到一个月猛跌24%。一方面，银根收紧了，地方政府为配套4万亿元计划铺开的18万亿元基建摊子却不能就这样烂尾，正坐等资金呢；另一方面，这时候又因为信贷总量控制、信贷额度按季下达无法从银行得到贷款，那剩下的唯一出路就是民间融资了。于是，各种融资平台和诱人利率纷纷出笼。

这本是政府分散信贷资金风险的一招，可民间只知道哪里利率高往哪里去，这比自己搞实业更赚钱。结果，就使得基建和房地产开发规模越搞越大，因为越来越高的融资成本只有这两个行业能够承受得起。而接下来便是政府出台一轮轮政策，开始并不断清理影子银行和融资平台；在国外，则是美国经济加速复苏，热钱开始回流美国。两面夹攻，使得融资平台晕头转向，许多不得不就这样沦为旁氏骗局。包括那些卷钱跑路的，俗话说“跑得了和尚跑不了庙”“父债子还”，一些地方不把你这个家族的男丁全部逼死，这事情肯定就不会完。①

所以，无论是个人还是企业，都必须时刻保持清醒头脑，不要因“大跃进”而栽大跟头，最后还落得个骗子的下场，这又何必呢？

买椟还珠终要玩完

庞氏骗局必定崩溃的原因之一，就在于买椟还珠的行为不可能持久，终究要玩完。举例说，鸡蛋人人爱吃，它的作用主要在于食用，有营养。上千年来卖鸡蛋都是每只或每500克多少钱，一目了然；即使作为礼品，加上一些包装费用也合情合理，不会树枝大于树身。可是到了庞氏骗局那里，鸡蛋就不再是鸡蛋，而是成了道具，不但完全变了样，更变了“味”。

2002年创建的天路行互联网商品交易所，注册资本6600万元，当时

① 江风扬：《一个房地产开发商的崩盘样本》，新浪网，2014年11月15日。

就推出了线上线下相结合的电子商务购物平台，这可比马云创办的淘宝网还要早一年多，所以完全有资格称为“中国第一家订购网”。10年过去后的2011年，该平台决定加快步伐“以实体店为根，以电子商务为本”，把“天路行”打造成一家年交易额数千亿美元的网络共享平台。然而，正是这一枚枚小小的鸡蛋，让它走上了不归路。

“天路行”的经营模式是“下单买进、定期返利”，主要优势体现在返现上，承诺“全部商品满100元返100元现金券”“现金券按比例充抵现金购物或定期兑换60元现金”。所以，虽然它的商品标价高，但因为承诺初期就返现60%（2012年9月后调整为40%），所以依然吸引了广大消费者前来购买鸡蛋、大米等日用品，因为过去谁也没听说过买鸡蛋可以返现的，而且返现比例这么高。一台其他网站售价4000元的手机，“天路行”标价4500元，即使只拿到初期返现的40%也只相当于2700元。并且，全国所有几百家加盟店的其他零售产品如鸡蛋、大米、油盐等都可以享受返现优惠，这样一来很快就吸引了全国20多万名会员加入。

2013年年初，“天路行”开始转不动了，门店纷纷停业，消费者手中的卡里少则几百元、多则几千元的返现顿时就没了着落。2014年1月，因为“天路行”再也没钱向养鸡厂支付货款，所以鸡蛋返现被迫取消，2月19日平台网站彻底停止运营。事后得知，该平台的返现促销一直持续到2013年9月17日，而其返现活动实际上在2012年9月17日就已完全停止，“天路行”共计尚欠消费者待返还现金3.1亿元。

从中可以看出，全额返现的鸡蛋在这里只不过是一种道具，因为这种长年累月大面积“免费赠送”完全有违商品交换定律。在这种买椟还珠中，消费者更看重的是其获利回报（100%全额返现金券）。而当这种庞氏骗局没有后来者参与时，就必定要彻底崩盘。具体数据是，该平台销售利润只有约15%，却要在8个月内赚回4倍的钱返回给消费者，这在前期或许还能用预付款来填补窟窿，但到后期雪球越滚越大时就必然要转不动。

对于做局者来说，这样做的妙处是：既可以在崩盘前及时抽逃资金，又能让各地加盟商当炮灰。这些加盟商，一方面从加盟费到店面装修要承受几十万元的损失，另一方面又要不得不直面前来讨债的愤怒的消费者。①

过于想得开让人心酸

庞氏骗局的实质在于资金集散，这一过程稍有不顺便会出现问题。绝大多数参与者事先并不会想到或者愿意想象这样的局面，所以一旦看到平台跑路，最多的表现是愤怒和无奈。其中有相当一部分参与者的“想得开”听了让人心酸和心疼，正所谓“可怜之人，必有可恨之处”。

北京的一位投资者张某已经 70 多岁，他的投资秘诀就是把钱全部投在收益率远远超过银行的 P2P 网贷平台和所谓财富公司。在他的手机备忘录中就有他投资的 4 家这样的企业，其中一家已经崩盘。

面对复杂的社会现实，张某的另一条秘诀是看年轻人奔向哪里。在他看来，“年轻人的眼光都还不错，不像其他投资公司那样专盯老年人的钱。”所以，为了避免频繁地踩到投资雷区，他更多地看这家平台参与者的年龄结构是年轻人多还是老年人多；觉得年轻人参与多的平台要更放心些。再者就是，他牢记不能“把所有鸡蛋放在同一个篮子里”的投资戒律，选择了 4 个平台。而在这 4 个平台中，他在上面提到的那家已经跑路的平台投了 25 万元。虽然他和其他几十位参与者一起组成的维权小组已经向公安机关报了案，但他自己也承认，要想追回资金就好比水中捞月。

面对这 25 万元损失，张某在无奈之余感到的却是“庆幸”，因为毕竟

---

① 《一个鸡蛋揭开的“庞氏骗局”》，载《电脑报》，2014 年 3 月 17 日第 10 期。

自己没有把所有钱都投在这一家，否则就全军覆没了；而现在该平台跑路了，他能做的就是："想开点，自认倒霉。"为什么？主要有两点：一是这些平台的收益率高，比如他在另一家平台上的年化收益率是13%；二是他的这些投资家里人谁都不知道，他是瞒着家人进行的，既怕家人责难又怕家人劝阻，所以干脆不对任何人说，损失了就当是自己在路上搞丢了。

据他介绍，他刚加入的这家平台回报率更高，每个月都有3%的收益（年化收益率42%）。为什么这么高还敢投，不怕跑路吗？他自我宽慰说，该平台原来的回报率更高，每月5%（年化收益率80%）；而且他投的这家平台时间已经过去半年，他去公司看过，"目前兑付正常，问题应该不大。"对于月收益率从5%猛跌到3%，张某说，平台的解释是即将筹备上市，这减少的收益将转换成公司原始股，上市以后回报率更高。张某的如意算盘是："5万元投资原本每月2500元固定收益，如今变成了1500元收益+500股每股2元的'原始股'，一旦上市至少数倍收益。值！"

可怜的张某根本不懂原始股及其上市是怎么回事，只知道"这能发大财"。但明眼人根据他提供的公司名称和股票代码去查证，并未查到任何公开信息。或许他更不知道现在外面所谓的原始股骗局究竟有多猖獗，一旦遇到平台跑路，等着他的又只能是和上次一样的"自认倒霉"。

他的理由有两点：一是他的这些投资都是"闲钱"，自己每个月都有退休金，即使造成损失也不会影响生活；二是他承认这是"投机"行为，而无论投机还是投资都会有成功也有失败。看看，他是把自己遇到骗局造成损失混同于投资失利来看待的，抱的依然是一种侥幸心态。①

① 王晓：《那些终将"跑路"的平台，我为何依然坚守：高月息、原始股、明星效应……》，载《21世纪经济报道》，2016年5月18日。

拓展阅读

左手倒右手，总要漏些沙

正常的投资行为总会千方百计以小博大，并往往导致财富增值；而如果是盲目的投资或投机就很难实现这样的效果。更不用说，一开始就是恶意的骗局了，这会让你的投资血本无归。而即使纯粹的资金左右手倒腾，也会像沙粒一样渐渐掉落，直到两手空空。

2012 年 7 月，徐某从医院离职后，在上海创建了中晋资产管理（上海）有限公司，注册资本 1000 万元人民币，其中实际投入 500 万元（他自己的积累约 100 万元，家里支持他 200 万元，他招聘的两个人也借来 200 万元），2013 年项目正式启动。

徐某并不是像有些人所说的那样是“官二代”或“富二代”，而是一名普通市民。他注册的第一家企业是带有“中晋”字样的财务咨询公司，对外承诺每月有 2% 的收益率，所以很快就从 40 名左右参与者那里募集到 5000 万元资金。“旗开得胜”让他觉得这条路“可以走”，于是，随即制定了募集 50 亿元资金的“小目标”。

接下来他砸重金包装企业，把经营场所设在上海金茂大厦、环球金融中心等处，而他的手下也经常在朋友圈里晒富。就这样，“中晋”慢慢地被贴上许多高大上的标签。与此同时，他依然沿用过去高回报率的一招来吸引参与者，推出的年化收益率高达 10% ~25%，2015 年甚至还推出过收益率高达 400% 的产品。

为了扩大资金规模，徐某在短时间内成立了 220 多家有限合伙企业，从而组成“中晋系”。据他后来交代，这样做的目的是想以私募股权基金的合法形式来掩盖非法吸收公众存款的目的。因为按照《证券法》要求，每家证券基金不得向超过50个投资者募集资金，而这根本就无法实现他当初设计的募集资金计划；要想实现这一计划，就必须增加基金数量，至少要增加到近200家才行。

大量的资金陆续到账，徐某也尝试过寻找投资项目，但发现按传统渠道走路回报率太低，于是他想到能否通过包装企业、虚构业绩去资本市场上市然后再退出这条路。所以，后来又在各地成立了120多家实体企业来运作这件事。但说穿了，依然是贸易空转、虚增业绩，由此造成的损失由中晋系母公司国泰控股公司来弥补。

显而易见，这种左手倒右手的把戏注定是一种空转和空耗。这120多家企业全都在亏本经营，每天总支出近500万元，每个月就是1.5亿元。这时候他心里非常清楚，一家没有任何利润来源、所有开销和支出全都来自股东的企业是实实在在的庞氏骗局，根本无法在香港上市，所以改为借壳上市，希望在资本市场上完美退出。为此，他在香港股市购买了中国创新、中国趋势、华耐控股3家上市企业，无奈成交低迷，股价都不到1港元。而这时候，中晋系资金大规模进出却缺乏实际利润增长点，并且资金兑付参与者缺口非常大，已经引起警方关注。

2016年4月5日下午3：12，加入中晋系后时不时喜欢在朋友圈内炫富的大美女程明，在朋友圈里分享了一个链接后再未更新内容，而之前她每天都要发近10条微信在朋友圈刷屏。而就在同一天，上海警方抓获了20多名中晋系核心成员，并且第二天在机场截获正准备出境的徐某等人。有人说这是程明炫富"引发的血案"，但该消息未得到证实。[①]

截至案发，中晋公司累计吸收2.5万名参与者近399亿元资金，其中

---

① 张维：《女基金经理炫富：晒三辆跑车，现金搬不动》，载《新京报》，2016年4月8日。

未兑付金额超过52亿元、涉及1.2万多名参与者。中晋系募集来的资金除了用于支付本息、包装企业形象，主要用在了实际控制人徐某住豪宅、开豪车、肆意挥霍上。据初步统计，徐某个人挥霍的财富近5亿元，其中包括3亿元的豪宅、1.48亿元的豪车、1390万元的游艇以及2300多万元的包机旅游等，此外还不包括夫妻两人每月50万元的生活开销。[①]

① 《揭秘惊人的“庞氏骗局”！案值399亿元，25000人被骗！》，央视财经，2016年5月17日。

当兔子吃尽窝边草

庞氏骗局的基本策略是“拉人”战役，并且是从自己身边最亲近的人开始，这就像兔子先吃窝边草一样。当把身边的人骗完之后要想扩大范围骗其他人，就没那么容易了；就像兔子吃尽窝边草、外出觅食时至少也会增加时间和距离成本。而这就意味着，维持这一骗局的难度越来越大。

骗得了一时，骗不了长久

庞氏骗局骗得了一时，却骗不了长久。尤其是参与者身边的人，虽然他们受蒙蔽的危险性更大，也会出于“挽救”亲人的心理“不入虎穴，焉得虎子”，但终究会因为事关切身利益，更加提高警惕性。

在本书的最后，我们再来回顾和总结一下庞氏骗局都有哪些骗术。

一是消除你的对抗情绪，俗称“去火”。他们一般都会否认自己骗人，而当被揭穿时则会主动承认是骗术，但接下来却会搬出两条歪理来：说骗你的目的主要是让你有机会考察这个行业，如果不骗你你就不会来；还有就是，说骗你是为了避免你家人不必要的担心。然后，通过生活中各种无微不至的关心如早上给你挤牙膏、晚上给你洗脚、夜里给你盖被子等，让你觉得他们都是好人，接下来便于你相信他们所说的一切。

二是严格管理手机（他们称手机为“国税”，称上交手机为上缴国税)。手机通常是统一放在盒子里,然后把盒子放在厨房里。这是因为,厨房里一般都有人在,万一有哪个头头来电话也不至于漏接;另外就是,在厨房里看管手机的同时也是为了看管那些菜刀,防止有人突然闯进厨房里来拿刀砍人。所以,这些人一般要到晚饭之后才能玩手机,这里的“玩”不仅是玩游戏、看新闻,还在于用手机邀约下线、去挣钱。因为现在的智能手机实际上就是一台电脑,上面什么都能看到,每当有打击传销的新闻出来后,头头都会关照大家不要去看,说“我们又不是干传销的,看这些干吗”。只不过,刚来的新人免不了会打个电话给家里人报个信,这时候上线会警告他“不要乱说”,然后拿了一张话术纸让他对照上面的内容讲,报喜不报忧。接着,一连几天都不会让你接触手机,身边分分秒秒有人盯着,以配合达到最佳的洗脑效果。

三是这里所有的事都会临时通知你去做,不会事先通知。这一方面是为了营造所谓神秘感,另一方面也是为了防止有人谋划逃跑。

四是四处邀约。邀约的首选对象是亲朋好友,因为参与者中多是心地善良的人,他们是真心想拉亲友一把;更不用说,这些亲友最相信你、发展成本也低。即使他们知道你掉进了传销窝,也会出于挽救的心理赶过来看你。而当这些人真正加入后,作为上线的你哪怕知道这是陷阱也不可能再逃了,因为你不能抛弃亲友独自逃走,这是会被所有人戳着脊梁骨骂的;那你能不能把所有亲友都一起带走呢,也不能,因为这些亲友的亲友也都在这里,谁都不可能独善其身。除了发展亲友,搞传销当然还要扩大“业务范围”,这方面他们禁止使用微信(微信容易暴露地点),而主要是采用 QQ 或在婚恋网站上冒充女性与男网友聊天,上传各种女性图片,等到时机成熟就把男网友骗过来,然后派女性去车站接人。说穿了,这就是色诱。无论亲友还是陌生人,自从你答应去“考察”那一刻起,他们就在制订“接(洗)待(脑)”方案了,你后面的每一步都在他们的计划之中。

五是严格的内部管理，不与社会发生冲突。例如，他们在外表上要求西装革履、衣冠楚楚，无论是打扮、心态、见识都要模仿有素质的百万富翁。他们的口号是“头可断，发型不能乱；血可流，皮鞋不能没有油”。言谈举止上要求“三谈”“三不谈”：谈人生、不满足于现状，谈社会、贬低传统行业，谈理想、焕发危机感；不谈公司、不谈产品、不谈制度。

众叛亲离是你想要的吗

所有庞氏骗局给参与者描绘的美好前景，都基于两点：一是你身边会有足够多的傻瓜相信、并且用钱来支持你；二是做局者恪守信用、绝不会卷款逃跑。遗憾的是这两点都不成立。前者是因为这些傻瓜你只能从身边人中去挖掘、培养，但无论如何你这都是说服、诱骗、害人，完全不符合人类基本道德要求，并且是违法的，做不长；后者是因为所有庞氏骗局将来都会崩盘，做局者一走了之司空见惯，参与者凭什么要相信你？

而单从参与者自身角度看，不要说发展陌生人成为你的下线了，就连从身边的亲朋好友开始都困难重重。因为他们虽然是你的亲人，可是并不都和你一样傻，他们有自己的头脑和判断，并非和你是一样的思维逻辑。

举例说，庞氏骗局常常会把自己的模式“做局者→各种层级→参与者”类比成传统销售的“厂家→层层代理商→顾客”来糊弄人。

初看起来这两者还确实好像差不多，其实里面有本质区别：传统厂家通过代理商把产品销售给顾客，会投入巨资、通过各种广告宣传扩大影响，便于代理商销售。如某品牌每年投放的广告费用是 5 亿元，这 5 亿元就是厂家出的，体现为生产厂家的成本。而在庞氏骗局中就绝不会投放这 5 亿元广告，它们更喜欢和擅长口口相传，也就是说这 5 亿元广告成本分摊到各层级上去了，消耗的是自己的人脉关系，是一种不能用钱来衡量、却比钱更珍贵的东西。你每拉一个下线，就消耗了一份人情（人脉），拉的人多了，最后就会变成“六亲不认”；而身边的亲友也会离你远去，因为你的人脉关系消耗完了。当然，如果你觉得钱比亲情更重要，哪怕生活在众人唾弃的环境中感觉也非常好，那就谁都无语了。

既防庞氏骗局也防庞氏融资

庞氏骗局必然要崩盘。而目前从我国看，投资者既要防庞氏骗局，也要防庞氏融资，甚至可以说，当前阶段警惕庞氏融资任务更重。

庞氏融资最早是美国经济学家明斯基在金融不稳定理论中严格定义的术语，是指债务人的现金流既不能覆盖本金也不能覆盖利息，所以债务人只能依靠出售资产或进行再融资来履行支付承诺。一旦资金链断裂，不但无法偿还债务，而且融资所形成的资产价格也会出现暴跌，从而引发金融动荡和危机。

庞氏融资和庞氏骗局有联系，但又不完全是一回事。它们的区别在于：庞氏骗局从一开始就是一种欺诈融资，而庞氏融资却不一定非得包含欺诈行为；庞氏融资通常与边缘性和欺诈性融资活动联系在一起，但其最初意图不一定非得是欺诈。

最典型的庞氏融资，就是2008年美国爆发的次贷危机。购房人依靠银行贷款购进房产，并以此作为偿还本息的抵押物；这时候，如果房价在不断上涨，抵押物越来越值钱，那么这种银行信贷就是安全的；而一旦房产价格停止上涨甚至暴跌，借款人就会部分丧失分期还款能力，这时候次贷危机就由此产生了。所以说，庞氏融资虽然开始时不一定有欺诈性，但却很容易滑向庞氏骗局，这其中“赌”的成分很高。

庞氏融资位于民间融资和庞氏骗局的交叉地带。当民间融资利率没有超出经济利润或者偿还有保证时，它就是一种正常的民间借贷；而当其利率超出经济利润或者根本偿还不了时，它就被逼走向庞氏骗局。①

具体到投资者来说，首先要选择正规的投资平台，这样才能减少被骗风险。而鉴定该平台是否正规，可以从以下四个方面来加以考察：

一是看是否存在虚假宣传。就好比人一样，如果某人谎话连篇，你还敢相信他吗？平台的夸大其词和虚假宣传，通常出现在公司、团队背景的介绍和融资额度中，但是你可以通过登录“全国企业信用信息公示系统”来查阅该平台的股权结构和股东情况，判别真伪。

二是判断该平台资金是否进行了银行存管。这首先要看其网站上是否有存管银行出具的银行资金存管报告书，其次可以通过第三方平台如网贷之家、财鱼管家等的统计数据来加以验证。

三是看平台是否有资金自融、自己担保行为。这同样可以通过登录“全国企业信用信息公示系统”，来查询融资方公司名称和股权信息中是否有你这家平台，如果是，那当然就是自融了。如果平台承诺一旦出现逾期或坏账自己出钱兜底；或者虽然有担保，但担保方是其关联企业，那就要警惕到时候它根本兑现不了这样的承诺，因为一个平台的项目资金往往要上亿元甚至几百亿元，真的出了问题是很难兜得了这个底的。

四是看该平台的业务模式是否清晰。直接上官网去看其业务模式是什么，如果上面没有，可以询问客服。如果你觉得该模式不可靠，或无法支撑其承诺，就要坚决舍弃该平台。②

---

① 施慧洪：《高利贷与庞氏骗局》，载“中国公司金融论坛”《第一届中国公司金融论坛论文》，2012：309－311。

② 老炮：《涨姿势！四季度投资 P2P 必备防坑神技》，腾讯网，2016 年 10 月 7 日。

一定要记住，只要是庞氏骗局或庞氏融资，就早晚要崩盘。所以，如果有人问你“年化收益率6%还是10%哪个风险更高”这样的问题，理性投资者应该按以下三条标准的重要性程度来衡量：

一是**债权的真实性（就是说它把你的钱投到哪里去了）和安全性。如果该债权不靠谱（不真实、不安全），无论回报率多高都不参与，**因为你在图他的利息，可是他却在图你的本金。庞氏骗局和庞氏融资即是如此，后者或许还涉及部分债权，而前者根本与债权无关，是彻头彻尾的骗局。

二是投资期限和可转让性。说穿了就是，你的产品要换回现金需要多少成本和多长时间。**这里特别提醒的是，投资期限长并且还不能转让（许多所谓“原始股”即是如此）的产品，仅凭这一点就可以考虑放弃了。**

三是收益率高低。

以上三条重要性排序切莫颠倒，否则很容易跌入庞氏骗局。

由上可知，投资风险与该平台本身是属于国资系、银行系、上市公司系、风险投资系、民营系以及年回报率高低，都没有任何关系。①

拓展阅读

闪光的不一定是金子

当兔子吃尽窝边草的时候，就要想方设法从其他地方下手，“远近结合”“双管齐下”了，“数字金矿”就是这样一只邪恶兔。

① 路瑞锁：《年化收益率6%和年化收益率10%的P2P理财产品，哪个风险更高》，搜狐网，2016年7月21日。

“第一世界数字金矿黄金有限责任公司”（First World Digital Gold, FIS）据说是以色列一位经济学家希勒米亚斯（Hieremias）带领团队从2012年开始历时3年打造出来的交易系统，2015年11月内部注册运行，2016年3月1日正式开盘，注册在塞舌尔共和国。

“数字金矿”号称有两大高收益理财产品：一是挖矿机投资，每台价格500元，一个月可挖矿150枚金币，这挖到的金币扣除挖矿机投资后就是你的收益；二是金币投资，随着金币价格不断上涨（平台宣称能确保金币价格单边上扬、只涨不跌）而升值。

至于具体收益，可分为静态收益和动态收益两种玩法。静态收益是通过将上述两大理财产品不断拆分，从销售中赚取高收益；动态收益是从金币价格的上涨中获取高收益。

例如，你（矿主）投资1万元人民币，其中5000元可购买10台矿机，5000元购买金币。用这10台矿机每天可挖50枚金币，这样第一个月能挖到1500枚，按一个月拆分一次变成3000枚计算，每枚金币哪怕最低价只有1元也会有3000元收益。在你用5000元购买的金币中，一个月拆分一次就会变成1万枚，如果能按规定卖出20%就能变现2000元。这样两大项目加起来，你的静态收益就能达到每月5000元。

再来看动态收益。该平台号称中国地区一共限量发行金币500万枚，发行价每枚1元；盘中每销售5万枚金币，单价上涨0.01元。当价格涨到1.99元之后系统开始对金币进行拆分配送，具体方法为金币单价回落到每枚1元，数量相应翻番，这也就意味着你的收益翻倍。由于平台确保金币价格只涨不跌，所以参与者什么时候购买金币都是有利可图的。举例说，这种上涨机制的规则是每卖出5万枚金币单价上涨0.01元，这就意味着参与人数越多、资金量越大，金币价格的上涨速度就越快。

毫无疑问，这时候参与者如果能积极发展下线，就能从这种价格上涨中分享到“拉人头”模式所带来的奖励，其中包括推荐佣金（直推奖10%，按时结算)、组织佣金（管理奖10%，按日结算)、领导佣金（领导奖5%，按日结算，一共可以拿6代)、交易佣金（交易奖1%，按时结算)。在这其中，当然是参与时间越长各种奖励金额就越快、越多了，实际上这是在变相鼓励你多拉人头。

按照以上的理想情形推算，投资“数字金矿”确实能够如平台所言达到“每月30%以上的投资回报率！坐享5倍的投资收益！”再配以各种诱人的励志小故事，确实会让许多参与者信以为真而飞蛾投火。

但显而易见，这些又都经不住仔细推敲，其中甚至漏洞百出：

该平台声称“数字金矿”的发明者为以色列经济学家，可是除了该平台上的相关介绍外，在其他所有网站上都无法核实这位经济学家的其他情况，谁又会相信这不是他们凭空捏造出来的一个人名呢?

该平台号称金币价格只涨不跌，这根本就不符合市场逻辑。因为任何商品要想收益翻倍，都必须供不应求，而这就需要不断有新的资金加速进场；否则，就不是金币价格上涨了，而是会直线下跌，当没有新的资金进入时这种虚拟货币就会直接归零。

该平台号称注册地在塞舌尔共和国，其官网上却介绍服务器在美国和韩国；而内行的人一查就知道实际上是在郑州。另外就是，平台官网公告中出现的手机号码是陕西省安康市的，所谓官网看上去应该没有专业维护人员，界面简单粗暴毫无美感，并且其中有不少错别字，其备案也是以个人网站来登记的，这又是怎么回事呢?

该平台号称矿主投资的是“金币”，可是谁都看不到实际产品，既不能兑换成实物黄金，又不能兑换成人民币，所以有理由相信这种“金币”只不过是一种符号，实际上什么都不是；平台注册地在东部非洲印度洋上一个人口只有9万多人的群岛，相当于我国一个规模稍大的小区，一旦资金出了问题，参与者是不是要转国际航班漂洋过海、到那个直线距离8000多千米上的群岛去追讨呢？这现实吗？①

可见，金子会发光，会发光的不一定是金子，也可能是镜中捞月。

① 《月利率超30%！揭秘第一世界数字金矿庞氏骗局》，融360网，2016年6月2日。

第七章

庞氏骗局在中国

道高一尺，魔高一丈。庞氏骗局的爆发具有某种周期性，实体经济越不景气它越来劲，我国目前正处于这样一个高发期。它就像“打不死的小强”，但其实，最关键的还是你要洁身自好。

庞氏骗局在我国处于活跃期

研究表明，庞氏骗局的爆发具有某种周期性，而我国目前正处于这样一种高发期。

庞氏骗局和实体经济景气指数之间呈剪刀差关系。越是实体经济不景气，就越是庞氏骗局高发期。因为当辛辛苦苦搞实体怎么也赚不到几个钱时，便会自动激发人的内心深处那种急功近利和过把瘾就死的心理。尤其是每当临近年末，更会掀起一波波“圈钱”“跑路”小高潮。

所以，当你在听到“云××”“资本运作”“金融互助”“P2P 网贷平台”“微商分销”等名词时，不要只觉得好奇和高深莫测，而要坚持一条底线，那就是：凡是看不懂或理解不了的项目坚决不投，无论这个项目回报率有多高，又多么热闹和时尚。这就是国际投资大师沃伦·巴菲特所说的：“投资最大的风险，就在于你对该项目不懂。”

唬人的行头和漂亮的故事

大凡庞氏骗局，都有唬人的行头和漂亮的故事。尤其是在我国这样一个处于经济高速发展的国度，新政频出，更会给做局者提供各种下手的机会，不但让没有经验者看得眼花缭乱、晕晕乎乎，而且还会让那些富有经验的投资高手防不胜防、给识别骗局带来难度。

例如，地处中国（上海）自由贸易试验区的上海遁甲资产管理有限公司执行董事陆某，就把这一行头和故事发挥到了极致。

2014 年年初，陆某与别人共同出资 95 万元炒外汇，但不到一个月就亏了 68 万元。面对巨亏，他们觉得走这条路不行，得动歪脑筋。他们首先想到的是租用外汇保证金交易平台，采用做市商方式与客户对赌、赚客户输掉的钱，后来觉得这种方式来钱还是太慢，于是想到了庞氏骗局。

2014 年 4 月，他们正式成立了遁甲公司。为了钓鱼、钓大鱼，他们在网上租了一个外汇保证金交易平台的破解版；要想从事这一行，没有这个金刚钻可不行。而有了它，陆某便开始四处寻找一家受英国金融监管局监管的企业，以便对外声称是他们的母公司，这样会便于提高自身威望；同时，最好这家公司没有直接的实名网站，这样，参与者也就无法在官网上查到该公司究竟有没有遁甲这样一家子公司了。

后来他们终于找到一家位于比利时的 MTS 公司，完全符合前面两个条件。大喜过望之余，陆某把自己的平台也取名为 MTK，以增强对参与者的迷惑性。“MTK 外汇保证金交易平台”就这样建立起来了。

接下来，当然就是要抓紧拉人啦。怎么拉？由于这本身是个骗局，没有任何经营活动和投资项目，所以，一定要有高回报率才能吸引人。他们不但确定了对外承诺的最低月息是 12%，即年化收益率 290%，还提出凡是投资 500 万元就可以成为经纪人、发展新客户，并可获得公司 40% 的股份；同时，设定以 1 年为期，也就是说，一年就关门。

由于身处自由贸易区，所以陆某自然地就利用自贸区、炒外汇、“负面清单”等为噱头，连专业老手都很难识别。

例如，2014 年 2 月，辽宁人林某在朋友介绍下找到陆某，咨询如何在上海投资。陆某向他表示，遁甲公司便可从事外汇项目，操盘手团队出自美国华尔街，他本人也在汇丰银行工作过，并承诺月回报率最低 12%，无投资风险。他见对方还有疑虑，便带林某一起去远郊的办公区考察。

林某一看，那里有一群群紧张忙碌的操盘手、一排排高大上的电脑，并且他还在网上亲自下载了陆某提供的 MTK 交易系统，只见上面精准地记录着个人交易账户每天的资金进出情况。为了谨慎起见，林某还特地到自贸区办事窗口进行政策咨询，获得了“只要负面清单上没有的都可以做”的明确答复。

这下他放心了。于是，林某就这样进入陆某的圈套，成为他第一个下线。他哪里知道，他所看到的这一切，都是陆某特地安排好的布景。①

由此可见，庞氏骗局发展到现在，已经极具迷惑性了，有时候确实很难识别。但有一处“胎记”他们是无法改变的，那就是高得离谱的投资回报率。要想避免步入圈套，最重要的还是两个字“不贪”。

骗局话术已呈产业化

所谓话术，是指说话的艺术，以“察言观色、一物百拟、用情至深、行文诡辩”而著称。在这里，特指庞氏骗局做局者利用参与者急于求富心理，以及信息不对称特点，来完美无缺地推销其产品的说话套路。

庞氏骗局目前在我国高烧不退，就与其话术产业化有关。应该说，相当一部分参与者对过高的获利回报率也抱有警惕，可是他们哪里又见过专

---

① 王莹、詹佳骏：《自贸区现庞氏骗局：假外汇平台承诺月付息 12%》，载《第一财经日报》，2015 年 6 月 12 日。

业骗子的各种连环话术攻势呢？不用几个回合就会疑虑顿消，乖乖地上了做局者的贼船，直到赔得只穿条短裤上岸。

例如，北京市民张某2013年4月接到中晋博升（北京）股权投资基金的电话，向他推荐该公司的一款理财产品，说是一个生物项目。后来他多次去实地考察，在该投资款是“合伙性质、有5项担保、返本保息、绝对不会赔钱”的承诺下，先后投入575万元，但最终只拿到35.7万元利息。之所以会这样，就是因为对方公司专门花2万元在网上购买了40万条客户信息，并且利用事先设定好的话术一步步引诱现在的参与者，从而使得他们纷纷中枪，张某只是其中之一。①

比如，虽然你会明确表示实在搞不懂它究竟是怎样挣钱的，但它总会有办法让你确信，这种方法或产品不但能够获得持续、稳定的高回报，并且还没什么风险，以至于会抵消你原本要分散投资的打算。这里试举几条耳熟能详的话术，如果你能辩证地对待与他们的交流、多问一个为什么，就不难找出其中的漏洞、还原本真含义。例如：

如果他说“你要是现在不买，以后可就买不到了”，这时候你就要想到，如果真的如此紧俏，他绝不会这样讲。

如果他说“放心吧，我们是大公司”，你就要想到，谁说大公司就一定守信用、一定不赔钱呢？

如果他说“这种产品是专门为你这种高端人士设计的”，请绝不要被这句话冲昏头脑。银行里的私人银行部接触到的高端投资人士很多，但除了他们的投资额、收益和风险稍高一点，没见到他们的投资品种与其他人有什么不同的。

如果他说“这可是原始股，以后是要增值几十倍、上百倍的”，请相

① 张淑玲：《投资公司花两万元买客户信息》，载《京华时报》，2016年9月1日。

信，真有这样的好事绝对不可能有人会傻到对你拱手相让。

如果他说“你现在不投资将来可别后悔”，遇到这种威胁性话语，你就应该可以基本断定这个项目不怎么样了。

如果他说“我的朋友就投资这个，已经赚发了”，你要知道别人投资赚钱和你完全是两码事，世上没有相同的两片树叶。

如果他说“我们有自己的数学模型”，那你可以问问他知道不知道有一家叫“长期资本管理公司”的。该公司就曾经集中了全球最好的数学家和计算机系统，但最后依然破产了，你这一问或许会让他暗吃一惊。

如果他说“我们的月回报率是……”，你就要想到月回报率这个词语在金融领域用得很少，主要是用在当铺和高利贷中，所以你马上要想到其高流动性，以及在这背后可能存在的欺诈风险。

如果他说“聪明人都在买这个”，你就要想到投资领域中的赢家通常都是那些目标坚定、不忘常识的人，与聪明与否没有任何关系；也就是说，聪明人投资不一定就能盈利。

如果他说“其他人都不知道”，呵呵，这时候你可以一笑了之，因为这在互联网时代基本上是不可能的。

如果他说“每个才只有 1 元钱，具有很大的升值空间”，你就要想到价格低廉与有没有升值空间毫无关联。没听说过股市中“1 元股”就是升值潜力最大的，相反，那些却都是濒临退市的垃圾股……

仍然是这句话：并不是只有普通投资者才会上这些话术的当，那些专业知识丰富的“老江湖”同样难逃被话术蒙蔽的命运。因为在这些做局者嘴里，真的假的已雌雄同体，你哪怕再有经验，也实在搞不清他们说的哪句是真哪句是假。

例如，1995 年美国新时代慈善基金因诈骗 1.35 亿美元而倒闭，其诈骗对象就都是那些全球赫赫有名的金融家，其中包括高盛集团前主席约翰·怀特黑德。这里的问题不在于他们不知道金融产品消费中充满话术，而在于他们明知这一点依然要去投资，企图以此战胜通货膨胀。①

常见的几种庞氏骗局

绝大多数庞氏骗局都穿着华丽的迷彩服。虽然也有一些胆大妄为者自称自己“就是骗局”，鼓动你去举报，然后称举报也没用，因为它们是“国家项目”、是“国家暗中支持的”，即使前门抓进去后门也会立刻放出来，政府这样做主要是“做做样子”的……但依然有许多骗局会想方设法证明自己“没骗人”，能够“确保”你的高收益率。

俗话说，“事实胜于雄辩”。这里再列举几种常见的、本书其他地方提及较少的骗局类型，你可以看看是不是这么回事。

1. “消费折扣”

许多公司或平台会以低价折扣吸引特定顾客如白领、教师、退休职工、退伍军人、考生等购买某些特定商品，并且会通过熟人介绍，给你更大的折扣和回报，一旦钱款到手便会考虑逃之夭夭。所以，当某种商品价格低得离谱，尤其是可以通过推荐拿介绍费时，你就要想到这其中是不是有诈，或是质量低劣，或是商家潜逃，最终把所有责任都推给你。

例如，2014 年高端鱼市场不景气，某地就突然冒出个女商人，别人的龙虾每 500 克卖 300 元而她只卖 180 元，并且波纹龙虾、澳洲龙虾等应有尽有。半年来每期鱼虾都能按期运到，商贩们纷纷上门给款求购。一年半

① 董冰清：《人一生的投资历程中最容易遭遇到的 40 条骗人话》，载《第一财经周刊》，2011 年 10 月 3 日。

后骗局曝光，原来她一直在掏钱倒贴，最终用1000万元骗走1亿多元。①

2. “金融互助”

这些年只要一提到“金融”，仿佛就会让人觉得高、大、上；而各种各样的“金融互助”骗局多少就沾这么一点光，蒙蔽了不少参与者。并且从历史上看，金融理财一直都是庞氏骗局的重灾区。

2015年以来，我国各地兴起不少“金融互助社区/投资/平台/理财”字样的微信群、QQ群、朋友圈、微博等所谓理财平台，号称“月收益30%，年收益23倍，玩家相互转账，平台不收取任何费用，投资1万元一年后就能变成23万元”。并且，每拉一个人头还可以立即获得相当于投资额10%的收益提成。虽然这样的承诺一看就知道不可能兑现，但依然有太多的人冲着这高回报率山呼而去，甘愿“过把瘾就死”。

实际上，这种平台完全是庞氏骗局。它不经营任何实业，也不产生任何现金流，完全是在坐等并瓜分之后参与者的钱，属于一种击鼓传花游戏。一旦资金链断裂，尚在里面的钱就基本上拿不到了。

3. “质押担保”

通过开设加盟店收取加盟费和保证金的方式，通过质押销售、股权代持、股权认购等看似合法的方式，没有任何经营活动和利润来源，而是通过拆东墙补西墙的手段，用后续吸收的公众存款来支付先期本金和利息，以高返利为诱饵，诱骗参与者拉人头。

例如，北京今朝汇元珠宝首饰有限公司就通过这种加盟方式，从2013年3月注册起至2014年7月，短短一年多在全国开设150家实体金店、17

---

① 叶檀：《警惕中国式“庞氏骗局”蔓延》，载英国《金融时报》中文网，2015年1月5日。

家虚拟金店，波及全国19个省份，涉案资金31亿元。其中，约16亿元用在了返回先期吸收的本金、利息及业务员提成上，另有3.36亿元用于归还公司建立前的投资窟窿。①

4. “入会费”

许多平台会邀请你加入它们，许诺你加入后能得到什么样的优惠条件和高回报率，但前提是需要你缴纳一笔数额不等的入会费。

例如，一种名为“女人授权给女人”的模式，就借口鼓励女性投资许诺参与者可以得到8倍的获利回报。而其实，这里的“8倍”只是随口说说而已，做局者看中的其实只是你的本金，无论金额大小。

拓展阅读

e租宝虚构项目搞自融

2014年2月，安徽钰城控股集团收购金易融（北京）网络科技有限公司把它改造为“e租宝”平台，注册资本1亿元，同年7月正式上线。

e租宝打着“网络金融”的旗号上线运营，以高回报率为诱饵，虚构融资租赁项目，持续采用借新债还旧债、自我担保等方式大量吸收公众资金。它对外宣称其经营模式是由集团下属的融资租赁公司与项目公司签订协议，然后在e租宝平台上以债权转让方式发标融资；融到资金后，项目公司再向租赁公司支付租金，租赁公司则向投资人支付收益和本金。而实际上，这些所谓的融资租赁项目根本名不副实，其中约95%的项目是通过

① 吴波：《非法吸收存款31亿，全国开156家金店》，载《辽沈晚报》，2015年2月6日。

收买企业或者注册空壳公司等方式，虚构融资项目把钱转给承租人，给承租人好处费，再把资金转入平台自己的关联企业，以达到挪用的目的，所以，它从一开始就是一个彻头彻尾的庞氏骗局。

安徽省蚌埠市某企业曾经通过钰诚集团旗下的担保公司向银行贷过款，但直到e租宝案发后他们才知道，自己的营业执照、税务登记证等资料被对方冒名挂在网上进行融资，并最终导致自己的企业账户被冻结。在警方查明的207家承租企业中，只有1家企业发生过真实业务。据透露，e租宝仅仅用在项目公司和中间人买资料方面的投入就占1.5%~2%，前后花费8亿多元。

根据相关法律规定，网络平台只能进行信息中介服务，不能自设资金池，不能提供信用担保，而e租宝却把吸收来的资金通过第三方支付平台进入自设资金池，相当于把资金从自己的左口袋放到右口袋里。不但如此，钰诚集团还用3家担保公司和1家保理公司为e租宝项目提供“担保”；而不用说，这种自身关联企业的担保聊胜于无。

e租宝一共推出6款融资租赁债权转让产品，预期年化收益率在9%~14.2%，期限分为3个月、6个月和12个月，赎回方式有“T+2”和“T+10”两种。它广为宣传“1元起投，随时赎回，高收益低风险。”截至2015年11月末，累计成交金额703亿元，在同行业中排名第四，投资人数超过90.1万人。而实际上，其中有相当一部分资金被用在了个人挥霍、维持公司巨额运营成本、投资不良债权、广告炒作上。2015年11月，该平台仅仅发给员工的月工资就超过8亿元；平台实际掌控人丁某，个人累计赠予他人的现金、房产、车辆、奢侈品价值高达15亿元。所以到后来，平台每天都必须上新的项目才能勉强维持其资金周转。

2015年12月5日，警方发现“钰诚系”可支配流动资金持续紧张并开始转移资金、销毁证据，资金链随时有崩塌的危险，于是在12月8日统一抓捕了21名高管。12月16日，e租宝被立案侦查，警方宣布其涉案资金为581.75亿元，受害者遍布全国31个省市区。①

e租宝事件给P2P网贷平台形象造成了严重贬损，直到今天，只要一提起P2P网贷平台就会使人想到e租宝，俨然在这两者之间画上了等号。

① 侠客岛：《e租宝骗局真相大起底》，海外网，2016年2月1日。

眼花缭乱的 P2P 圈钱平台

庞氏骗局在我国俗称“拆东墙补西墙”，又叫“空手套白狼”。在过去，这两个词都是贬义词，人人唯恐躲之不及；自从经济开放后，摇身一变成了香饽饽，人人都想“拆东墙补西墙”和“空手套白狼”，擅长者甚至被人称之为“资金腾挪（运作）高手”处处受欢迎。

拥有这样的肥沃土壤，于是乎庞氏骗局大行其道，真可谓“野火烧不尽，春风吹又生”。**金融产品为什么会成为庞氏骗局的首选载体呢？说穿了就是，它必须具备相应的专业知识，普通民众难以理解；与此同时，金融服务的无形化和复杂化也为其行骗提供了一定掩护，不容易被戳穿。**

真本事没学会，学传销学得快

庞氏骗局的爆发具有某种规律性：越是实体经济低迷就越旺盛，因为人人都在寻找转型、发展机遇，祈求神灵帮自己渡过难关。而这时候便会有一大批做局者应运而生，真本事没学会，学骗局却学得快。

2010 年 2 月，楚某和赵某这对“80 后”夫妻在长沙注册成立了湖南维财大宗贵金属交易所，注册资本 2000 万元，其中前者占股 60%，后者持股 40%。公司成立后，楚某购买了“大宗贵金属订立转让系统”，在未经国家批准的情况下，建立了“维财金”黄金电子交易平台，非法从事变相黄金期货交易。

为了快速发展会员，交易所借鉴传销奖励机制，设立省、市、县三级会员年费制度，省级会员每年上缴年费50万元后，有权在本省发展市级会员、收取每家10万元的年费，市级会员再发展县级会员、收取每家5万元的年费。通过这种种层级代理和高返利模式，交易所网络快速遍布全国，共发展省级代理商27家、其他各级代理商711家，注册客户超过3.9万人。实际交易时根据不同品种收取交易手续费，然后分别以70%、60%、50%的比例返回给各级代理商，以刺激他们更加卖力地为平台拉人头。

截至2011年3月，该交易所在短短8个月内便收取客户保证金23亿元，实现单边交易额6000亿元（相当于当年上海期货交易所全年成交额的10%）、交易佣金8.9亿元，从中非法获利2.6亿元。

该平台设立的炒金手续费非常高，达到保证金的10%，而保证金放大的倍数更是高达100倍，这样就大大增加了投资风险，并且通过不断刷单把资金转移到自己账户里去。针对炒金新手，他们用所谓操盘老师来指导你进行操作，开始时让你尝点甜头，然后就骗取你的密码、用频繁交易的方式把你的钱弄光；针对具备专业知识的客户，他们利用滑点、卡盘、在软件上做手脚、幕后操纵价格等玩你，例如在你最想获利交易时软件出现延迟、直到价格对你不利时再交割，而这时你就已经来不及撤单了。①

简单地说，这种地下炒金一般都会声称自己是代理香港、欧美等的正规交易商平台进行操作的，当然也有不少是自己坐庄的黑平台。与正规渠道相比，它们的盈利点主要在于通过不合法操作坑害客户，并且杠杆极高、非常容易爆仓，而不是像正规平台那样靠赚取点差和佣金收入盈利。

① 韩言铭：《8个月吸金23亿，地下炒金案再曝监管难题》，载《中国经营报》，2013年6月3日。

国内平台的特点、风险及成因

截至2016年9月末，我国P2P网贷平台共有2224家，其中问题平台54家；行业综合利率继续呈缓慢下降态势，并创出9.91%的新低；当月投资者人数451.22万人，借款人数152.21万人，平均借款期限11.38个月，当月成交量1948.9亿元，行业历史累计成交量27362.04亿元。

与国外相比，我国P2P网贷平台呈现出以下特点：一是数量多，地理分布广；二是交易规模大，远远超出其他成熟国家的行业市场规模；三是平台创始人过去大多从事非正规金融业务或是经营实体企业；四是大量平台模仿银行业务开展信用中介或存在自融现象；五是开展业务更多的是依靠非正规线下模式，成为一种典型的劳动密集型产业。

这些“中国特色”明显存在着以下风险：一是流动性风险，说穿了就是自融现象容易导致资金链断裂，不是到期偿还不了债务就是每期融资利率波动大，因为当迫切需要资金时必须以更高的成本来获取资金；二是违约风险；三是操作风险尤其是“刷信用”“改评价”等行为。

平心而论，上述问题还只是风险，并不表明必然存在庞氏骗局；但同时又必须明确，庞氏骗局往往就隐藏在其后面。

例如，当高年化收益率无法兑现，或者一开始根本就是以高年化收益率做诱饵；当P2P网贷平台不是撮合资金需求双方自由竞价成交，而是虚构热门标的（投资项目）推出“秒抢”（行话叫“秒标”）忽悠参与者，然后把资金用于自身挥霍或其他经营项目；当拆东墙补西墙、制造赚钱假象……就表明已经步入庞氏融资的怪圈。在这其中，最危险的是秒抢，通过这种手段来营造紧张气氛，给参与者以一种项目很有价值、收益高、人气旺的错觉，这往往就是“过把瘾就死”的前奏，离跑路不远了。

从发展趋势看，我国的P2P网贷平台往往玩着玩着就会主动或被动地进入庞氏融资，究其原因主要有以下几点：一是总体上看我国的金融行业还处于青春期前期，无论从业者还是消费者都处于初级水平，民间金融经常会一管就死、一放就乱；二是众多门外汉改行搞金融目光短浅，为了眼前的虚假繁荣不惜展开恶性竞争，到最后谁都没好日子过；三是金融基础如司法、征信、监管体系落后，交易成本高；四是从业者不成熟，哪怕利率再高找到的也是垃圾资产；五是消费者不合格，哪里回报率高往哪里去，缺乏风险概念；六是总是想学银行玩资金池，结果谁都学不来，因为银行无论利率多低、坏账多大，不用担心没人来存款；七是总是过高估计金融创新，殊不知所有金融创新的核心都是为挣脱监管而不是金融脱媒。①

专家指出，对于参与者来说，降低风险的对策有五条：一是年化收益率超过20%的不要碰；二是经常秒标的平台不要碰；三是单个项目融资金额巨大的不要碰；四是有自融或敛财嫌疑的平台不要碰；五是担保公司是平台关联企业的不要碰。②

考察平台是否可靠的依据

P2P网贷平台容易滑向庞氏融资，但又不能一棍子打死。从本质上看，它是提供给有借款需求的人发布借款信息、给有闲置资金的投资人在平台上借出资金并收取利息，平台本身从中收取中介费和服务费，投资者自行承担借款风险。这就是P2P网贷平台最原始、也最本质的经营方式。

这种模式起源于欧美，但在我国本土化过程中却出现了自行寻找借款

① 王超：《为什么我们的金融容易庞氏化》，融途网，2016年7月20日。

② 洪怀峰：《P2P网贷的五种骗局，平台惯用伎俩有哪些》，载《信息日报》，2016年7月25日。

人进行风险控制审核、随后线上发标筹款或第三方资金托管、担保公司提供担保、平台兜底坏账及刚性兑付等一系列“中国特色”。但直到这时候，依然可以说没有改变其借贷信息中介的性质。即使其提供的各类理财产品年化收益率高一些或高许多，也是正常的，并不必然构成庞氏融资。事实上，收益率高、守信用的P2P网贷平台是参与者十分喜欢甚至说梦寐以求的。但他们担心遇到庞氏融资，最核心的是到期无法正常兑付。

怎样来辨别该P2P网贷平台是否可靠呢？中国人民大学经济学院教授周业安认为，关键是你自己要端正认知。从行为金融学角度看，投资者最容易出现以下四种关键性的认知偏差：一是高估小概率事件发生的概率，最典型的是希望2元钱买个彩票就中个头奖；二是可得性偏差，即总是寻找容易得到的信息作为依据，例如在网上随便搜一下别人的评价而不去甄别这些评价的真伪；三是自证偏差，通俗地说，就是总是寻找对自己有利的证据、屏蔽不利的证据；四是心理账户，就是把付出去的投资分离开来考虑，觉得万一亏了也无所谓，结果反而麻痹大意、疏于管理。

他认为，投资者如果把这些认知偏差端正了，就会用理智的态度来对待你面前的P2P网贷平台。换句话说，哪怕庞氏骗局屡屡发生，哪怕骗局再高明，也大不过你自身的弱点。处在这样一个互联网时代，理论上说各种信息通畅了骗局就难以得逞，但同时也会给投资者在甄别信息方面造成严重困难。也就是说，互联网不一定会让投资者在决策时变得更聪明，反而会加重以上认知偏差。

他举例说，李四好吃懒做，可是却想一夜暴富，看看身边只有山上有几块石头，于是他灵机一动成立了一家空壳企业，取了个高大上的名字，然后就开始四处融资了。但他身边的村民知道这山上是烂石头，再怎么弄也变不了几个钱，所以他把融资方案推上互联网，承诺“出资不限额、能出多少是多少；投资期短，一个月即可见效；回报率高，月回报率50%”，结果，总会有那么几个人投入少量的资金来试试，比如先投个1000元，亏了就当学费。但李四信誉很好，按期偿还本息，结果引来了更多的投资者；原本只投1000元的也开始投1万元、10万元了。几个月下来，李四就成了网络上的红人，投资者更关心的也只是他的高回报率而不是究竟能弄出什么产品来了。钱越来越多，李四也有足够的资本高价聘请知名学者召开什么新商业模式研讨会了，领导也来视察他的金融创新和产业创新典范了；而其实，他什么都没有，只是个骗子营造了一个骗局。

容易看出，李四在这里之所以能一时取得“成功”，关键在于两点：一是大家只看到高收益而忽略了高风险；二是人人都能从中获得实惠，以为天下有免费的午餐。等到什么时候头脑清醒过来，什么时候就是骗局被戳破的那一天。尤其是后者，绝不要小看了利益集团装聋作哑对庞氏骗局推波助澜所起的关键作用。①

拓展阅读

三地合作社借新还旧

2007年7月，河北省隆尧县的巩某创建了“三地农民专业合作社”，在隆尧、柏乡县等地许诺社员“花钱的时候花一半，进钱的时候翻一番”，入股1万元可得到100袋面粉，除此以外4个月利息30%、一年利息100%，如想退出不但可以返回本金和利息，而且已经被使用的面粉就算是免费赠送。如此优厚的条件，被农民们当作“救世主”一样来看待，于是争先恐后地要求加入三地合作社。

---

① 周业安：《庞氏骗局缘何在互联网金融中闹得更大》，今日头条，2015年10月21日。

刚开始时业务并没有太大的气色，直到2011年开始三地合作社宣称开发出了拳头产品富硒小麦，形势才急转直上。当时河北省地质调查院在全省发现了3468平方公里的富硒土壤，三地合作社的农地大多位于这一地带。人类每天食用一定量的含硒食物能够增强免疫力，于是三地合作社在这上面大做文章，说培养出的有机农产品富硒小麦是“抗癌之王”、附加值非常高，在北京市场上每500克能卖到10元钱。而实际上，当地的小麦确实含硒量高，但过去一直是这么高，价格却一直是每500克2元左右。更何况，三地合作社没有实体，他们只管收钱不管生产，说句不好听的话，这样的小麦价格再高也与它无关。虽说三地合作社也承包了部分土地，但从来只做亏本买卖。例如，他们从农民那里用每亩1700元的价格承包下来，却转身以1000元的价格再承包给私人。

但巩某的个人魅力及高回报率，使得参与者对富硒小麦高额利润所画出来的大饼深信不疑。“中国诚信企业家”“新农村时代建设先锋”“新农村建设致富领袖人物”等光环戴在他头上，不由得使人不信，虽然这些称号都是民间团体协会颁发的，但农民们并不特别在意这一些，他们只知道这是个“带领农民共同致富的大好人”。

三地合作社的实质就是庞氏骗局。它采用人拉人战术，各地都有分社社长，每个村都有代办员，代办员每收到一笔股金就能获得3%～5%的提成，有的社长在石家庄、北京等地购买商品房一买就是一连排。但由于它根本没有实体项目，所以根本谈不上有盈利，违反了农业合作社开展信用合作筹集资金和服务对象都要严格限定在本社成员、主要服务农业生产，不得向外部自然人、法人筹集和发放资金的规定。它只是采用收取下一个社员的本金来偿还上一个社员的盈利，时间一长资金窟窿必然越来越大。

截至2013年10月末，三地合作社社员遍布周边13个县市，入社农民超过13.5万户，融资高达81.68亿元。而这时候已经出现了崩盘迹象，一些农民因为家里盖房或结婚急需用钱，三地合作社却拒绝兑付本息。这样的事情越来越多，便出现了群体性恐慌，最终引起各地警方的重视。2014年12月，三地合作社骗局终于坍塌，波及全国16个省市。[①]

① 张庆宁：《80亿！农合社庞氏骗局》，载《经济观察报》，2015年2月7日。

已开始向一级市场蔓延

我国有 1 亿多股民，他们多是手里有些余钱或具有投资意识的人，很少有人借钱来炒股的。而股民们知道，来钱最快的是打新股，一旦中签每 500 股（深圳股市）或 1000 股（上海股市）新股上市后短短几天内，总能给你带来几万元至少也有几千元的盈利。2015 年我国涨幅最高的新股“暴风科技”短时间内上涨 35 倍，中签一个便可净赚 13 万元；当年所有新股上市，平均每签能够获利四五万元。

这样的财富效应，被庞氏骗局看在眼里、喜在心头，马上拿来作为他们的宣传武器。尤其是当 P2P 网贷平台及各类庞氏骗局被人广为熟悉后，骗钱不再像以前那么好骗了，一级市场散户化进程就成了他们的新目标。当然，他们不可能保证你在股市上中得新股，但可以换种说法，向你“发行原始股”，好像他们谁都有权随意发股票似的。而那些求财若渴的参与者们也傻傻地分辨不清，纷纷上当受骗。这种现象有逐渐增多趋势。

所谓的股权众筹

所谓股权众筹，在我国的正式称谓是“互联网非公开股权融资”，指企业通过互联网渠道进行融资，面向普通投资者出让一定比例的股份，让投资者通过出资入股企业获得未来收益。而庞氏骗局所谓的股权众筹，则是借用这一名义来误导投资者，骗取钱财。

股权众筹是2009年在国外兴起的，2011年进入我国，2014年我国出现第一个有担保的股权众筹项目。2014年8月21日，中国证券监督管理委员会公布了《私募投资基金监督管理暂行办法》（第105号令），其中第12条明确规定，投资人投资单只私募基金的金额不低于100万元且符合以下标准：净资产不低于1000万元的单位，或金融资产不低于300万元或者最近3年个人年均收入不低于50万元的个人。而这样一来，就把绝大多数普通公民挡在了门槛之外。而在此之前，股权众筹方式就已经被庞氏骗局所盯上，并故意混淆两者之间的区别，诱导参与者上当受骗。为了避开政策风险，这些做局者于是就在三四线城市发展，重点瞄准对该行也不甚了解、风险能力意识差的中老年群体。

作为普通投资者来说，有时确实很难搞清这是真正的股权众筹还是庞氏骗局，但有一点非常容易分清楚，那就是我国《证券法》第10条规定，向不特定对象发行证券的、向特定对象发行证券累计超过200人的，就算是公开发行证券；而公开发行证券必须经过中国证券监督管理委员会或国务院授权部门核准，并且需要在交易所遵循一系列法规来进行。

从这一点看，如果该平台针对不特定对象发行股份、或者针对特定对象发行股份数超过200人，却没有获得上述相关部门批准，就很容易成为非法集资或庞氏融资。在美国，虽然2012年4月颁布了《乔布斯法案》，对认定的新兴成长企业在私募、小额、众筹等方面实行注册豁免，但依然是限定以下条件的：发行人每年合计的众筹金额不超过100万美元；投资者年收入不足10万美元的累计投资最多2000美元或年收入5%中的高者，年收入超过10万美元的累计投资最多为10%；必须通过经纪人或资金门户进行众筹融资。

相比之下，我国的股权众筹相对混乱并潜伏着相当一部分庞氏骗局。

例如：公募、私募界限不分，使得传统的线下筹资活动转至线上进行，即使单纯的线下私募也会转为网上私募；领投与融资人之间存在某种利益关系，从而使得跟投一头跟进便尝到发行人卷款潜逃或投资失败等苦果。

要知道，股票一级市场的门槛过去一般要100万元起投，散户是严禁入内的。在这里玩的都是有人脉、有背景的机构大佬，所以一上市就能几十倍、几百倍地获利。而现在，这些机构更青睐于把到手的原始股零售给个人，一转手就无风险地套利多少倍溢价，并且从此不担任何风险，这只能说明两点：一是市场上的钱现在不好找了，所以只能“薄利多销”；二是“人傻、钱多、速来”，一级市场上真正的投资者在退出。

常识告诉我们，人多的地方不要去。而现在股权众筹却成了游戏，一方面，谁都可以像买彩票那样掏出小钱来买上一股或几股；另一方面，谁都又可以利用股权众筹、高额投资回报为诱饵，通过一层层传销来诈骗钱财。**而一旦当你进入，要想退出就难了。正规的退出渠道只有上市、并购、大股东回购、股转债、破产清算等，后两者表示项目失败，几乎没什么意义；而前三者中至今还鲜有成功案例。正规的股权众筹还这么难，别说一开始就骗你没商量的那些做局了，你的资金几乎百分之百是有去无回。**

例如，上海某互联网金融平台以“银行”自居，在网站、微信、名片上到处使用“天天银行”的名号误导公众。它们宣称2000元就能买上1股原始股，企业将来一上市这原始股就能升值30~200倍；还限定一张身份证最多只能投资5万元，但三四个月就能回本，短期内能获得100%~200%的回报，连本带利可获9.6万~15万元的收益（利率92%~200%），其中70%可以提取现金、30%要等这些“原始股上市”后才能提现，可是对如何才能确保这些承诺兑现却避而不谈。参与者结构呈金字塔形，根据“业绩”大小分别设置“常委”“主管”“专员”“经纪人”等层级，每月分别可得20万元、4万元、1万元、数千元“工资”；每个星期都把新增业绩的40%拿出来分红，比如本周该平台收入1000万元就会拿出400万元来分给大家。所有这些，都是典型的庞氏骗局特征。结果在不到1年时间里就吸引了15.9万人，资金3.53亿元。不用说，一旦该平台出现资金链断裂等情况，所有的这些所谓原始股都会一文不值。①

所谓的互联网原始股

所谓原始股，是指股份有限公司设立时向社会公开募集的股份，在股票上市后一段时间内售出，有望获取几十倍甚至上百倍的高额回报。而所谓互联网原始股，本来并没有这一说法，而只是最近出现了一项新事物即在互联网上出售所谓原始股，叫的人多了，才有此约定俗成。

前面已说过，上市公司发行股票有一整套严格的规范和相应门槛，不是像在网上随意网购一件商品那么简单。从这个角度看，大凡能够从互联网上买到的原始股基本上都是骗局，至少是违规的。

例如，有平台宣称可以出售自己的“原始股”，每手（100股）价格120元，一旦将来上市升值至少几十上百倍；如果你向朋友推荐购买，还会另有股票相赠。为了聚集人气，他们宣称你可以在他们的网站上快速注册，只要每天签到就送你期权股，这期权股能在以后公司上市前换购原始股。注册后你只要每天登录该网站，第1周每天送你1股期权股，第2周至第4周每天送你5股，一直送到公司上市前3个月为止。如此算来，仅此一项点点鼠标一年就能获得3472个期权股，“每股最低参考开盘价80～

① 吴泳：《“天天银行”的骗局：短期获取100%～200%利润》，载《今日财富》，2015年9月10日。

200元”，上市后就是27万多元；如果升级为移动商务会员、智能系统建站站长，所获得的期权数量还要多。

看到这里，你或许会用头撞墙看看自己是不是在做梦。是的，你哪怕再不相信，那些做局者也敢说，因为他们追求的就是“语不惊人死不休”。至于他们在收到钱之后给你的是“原始股”还是“双手一摊”，再说。

为什么这样说？因为他们的这种做法完全非法：如果是有限责任公司，法律规定股东人数不得超过50人；如果是股份有限公司，他们有中国证券监督管理委员会批准的相关手续吗？还有，数以万计的股东如何维护自身权益是不明确的，从过去的实践看多是失败的。

例如，河南人段某创立的上海优索环保科技发展有限公司，在河南各地设立分公司，自称“环保产业的先锋企业”，通过互联网宣传把自己打造成一只潜在的绩优股。他利用该企业在上海某地方股权交易市场挂牌的身份，对外宣传“已上市”，并于2015年8月在河南召开“增资扩股”发布会、定向发行“原始股”，让许多不明真相的投资人信以为真。与此同时，该公司还一度出售股权理财，承诺年收益率高达48%。最终吸引了上千名参与者，涉案资金2亿多元。类似情形在全国各地时有发生。这些做局者通常将企业先在门槛极低的地方性股权托管交易中心挂牌，拥有上市代码后，让人误以为就是我国A股市场上的原始股。

另有一些做局者，干脆连这一步也省掉了，自称“马上要上市”就在网上大卖特卖所谓原始股。如南京虾米电子科技公司声称2016年“很快将在三板上市”，就对外发售股权投资，承诺任何参与者购买公司至少5万元股权就能成为“上市公司的创业股东”。①

① 《原始股骗局吸金：上股交优索环保段国帅涉非法集资被捕》，载《北京晚报》，2015年11月24日。

所有这些骗局，其实都是巧妙利用了参与者对 A 股市场上“打新股”必定会获得高收益的惯性思维。而其实，我国三板市场上的新股常常跌破发行价或无交易量，与他们心目中的“打新股”完全是两个概念。简单想想就知道，如果这些原始股一上市真的就能升值多少倍，那早就被机构投资者捷足先登了，哪里还轮得到普通投资者呢?

漏洞是很明显的

从一级市场上购买原始股暴富的神话，不可能在电话、网络上能随意买到的“原始股”中实现。因为按照规定，**我国合法的股票转让市场只有上海证券交易所、深圳证券交易所和全国中小企业股份转让系统，其他私下转让均不受法律保护。当你买到这些“原始股”后，有没有想过你将来退出时该怎么退呢?**

另外就是，一些打着已经登陆“四板”公司旗号的做局者，声称未来两三年后能够从区域股权交易中心转身至“三板”或“中小企业板”；可是参与者也许根本不知道，这些不同的“板”之间是根本“不通”的。就像你私下购买农民安置房一样，等到你想卖给别人的时候是卖不掉的，你不可能合法过户给后来者。

所以说，公司“挂牌”并不等于“上市”，这种私下转让不受法律保护。即使将来真的能上市，上市后能不能融到资金谁也不能保证。

尤其是那些分布在“老少边穷”地区的农业企业，初看名字会让参与者展开“政府扶持绿色农业”“这样的企业有发展潜力”等丰富联想，但实际上农业股从来就不被风险投资看好，上市的成功率更低。

因为这些区域性股权交易市场只能为所在省级行政区域内中小企业融资服务，设置门槛相当低。例如，在上海股权托管交易中心 Q 板上市的企业，注册资本门槛只要50万元；更宽松的是，只要中介机构出具注册资本20%的验资报告即可，所以其中大量充斥着良莠不齐的企业，包括那些挂牌目的专门就是为了以高额收益为诱饵、蒙蔽不明真相参与者的做局者。根据规定，这些企业不得公开或变相公开发行或转让股份，并且证券持有人累计不得超过200人。

专家指出，**股权投资需要具备非常专业的知识，即使风险投资机构和券商来操作原始股，成功率也只有1%～10%；个人投资者即使能取得如此之高的成功率，也会有超过90%的概率血本无归**。

而略微具有相关专业知识的投资者就知道，有资格购买原始股的一般得是准上市公司高层领导、核心员工以及定向引入的战略投资者；即使是该公司的普通员工都很难买到，又何况你这个局外人呢？所以，这种做法是骗局的可能性极大。再说了，如果一家企业已经确认今后会上市，这样的股权在市场上非常抢手，基本上轮不到一般员工购买，又怎么可能会拿出来到处兜售呢？他们即使要转让公司股权，也会寻找有实力的机构，不会到处打电话"零售"给参与者。

识别的方法其实很简单，那就是无论对方如何吹嘘这是原始股，你都应该请对方提供营业执照、工商注册信息等相关资料进行仔细查验，尤其是是否具备中国证券监督管理委员会批准的从事证券承销、代销等业务资质。否则，很难确保参与者的合法权益。**如果仅仅是采用广告、发布会、说明会、电话推销等方式面向社会公众发行股票，基本上不靠谱**。

股权众筹骗局为什么会如此兴盛？要知道，这对做局者来说实在太诱人了。众所周知，P2P网贷平台需要按月向参与者支付利息，哪怕你资金再转不过来也要确保兑现承诺，否则这个故事就怎么也讲不下去了。而股权众筹就没有这般弊端，不但不用支付一分钱利息，而且融资项目往往需要3～5年锁定期，可以确保他在这三五年甚至更长时间里时间充裕地玩弄资本幻觉骗局，谁都戳穿不了他。

更可爱的是，一级市场不像二级市场上那样每天都有价格波动，所以参与者根本就不知道做局者把这些钱用到哪里去了，更不知道现在值多少钱、是赚是赔。想想看，这样的好事又何乐而不为呢？

拓展阅读

云数贸虚拟原始股

2012 年 3 月，“80 后”张某推出了据说筹划 4 年之久的“云计算大数据商业贸易产业联盟”（以下简称“云数贸”），该公司依托“云数贸联盟”网站，以高额返利为诱饵，要求参与者缴纳不同数额的费用，从而分别成为个人、企业、联盟认证商户，按加入时间先后和投入资金数额组成一定的层级，依据各人发展下线的情况来支付返利和奖金。

2013 年，“云数贸”被国家工商行政管理总局、公安部列为“2013 年打击新型诈骗十大典型案例”之一。受到打击后，创始人张某等逃亡马来西亚继续从事该骗局，然后用假证件潜入泰国，结果被泰国警方于 2014 年 9 月一举捣毁，涉案金额 16.95 亿元人民币，下线达 18 万人。

他们的惯用伎俩是：号称公司马上就要上市，参与者只要缴纳 500 元或 5000 元就能收到“云数贸”电子股票，从而成为股东，上市后获利可达 200 倍。他们自称是我国第一个以股份制形式加入互联网的混合体企业，实行的是“全民持股”，目标要在全球吸纳 2 亿 ~8 亿名会员。公司视频中狂妄地称，一旦上市成功其创始人张某将成为世界首富，拥有原始股的会员也会成为各地的小首富。许多人觉得，反正只有 5000 元，所以试一试也好，万一真有这样的好事呢？①

“云数贸”对外宣称已在国内注册近200家分公司，国外也有多家分公司，与30多家银行合作；在马来西亚，连总统都接见他，所到之处国家元首均以贵宾相待，送豪车、拨地皮、给政策……然而，这一切均无法核实。相反，它在各地的分公司却都藏身在偏僻小巷。它口气不小，动不动就号称“世界连锁、国际品牌”“支持国货、从我做起”什么的，可是其出售的货物都是些杂牌日用品，缴纳600元就能办理一张会员卡，包括一次性赠送500元等值商品，另加100元电子消费券。

为了造成紧张空气，他们宣称“今天的云数贸你爱理不理，明天的云数贸你高攀不起”，不时抬高所谓原始股投资成本。例如，原先367份原始股只需500元，一个月后就“涨”到1200元，一年后“涨”到3000元，让人觉得该股票还没上市价格就涨了，说明这是一支“好股票”。

他们规定，每发展1名下线可得下线入会费的20%，发展2名构成一层级（以每单3000元为例即可回本，之后就能开始赚钱）；除了可获得直推奖600元，还可获得对碰奖；下线再发展下线，5层以内每层奖励1800元，5层以上每层奖励300元，除此以外，还有红利奖、股票分红等共10多种名堂。每个下线缴费后都拥有个人账户，但前提是必须由上线账户垫付一定数量的电子币（上线要介绍下线必须具备5000元电子币），这也构成“云数贸”用电子币套牢参与者的最大秘诀。因为无论你是发展下线还是直接购买电子币，都会使得电子币规模越来越大。这也就意味着，参与者把真金白银兑换了只能在该平台上流通、无法再次兑换成现金的电子币；如果你要想捞本，就必须骗更多的人把真金白银兑换成电子币，而这

① 余美娜：《骗子：5000元就能收到“云数贸”电子股票，变身股东》，2015年2月4日。

些真金白银则最终流向了“云数贸”的做局者。[①]

不用说，所有这一切都是骗局，因为这本身并不是一家合法企业，不可能公开上市；更不用说，该公司并没有股票发行资格，没有股权证；其所谓原始股（电子股）只能在自己平台上买卖，属于一种虚拟股。说穿了，它的主要手段就是以所谓发行原始股、以后能获取上百倍高回报率为诱饵，以直接和间接发展下线为盈利来源，骗取参与者的财物。

① 章韵：《“台州云数贸商城”超市疑点重重》，载《台州商报》，2015 年 4 月 10 日。

敢问路在何方

在本书最后，来探讨一下庞氏骗局在我国的未来出路。虽然这个话题不太好说，或者说，未来不容乐观，但却是谁都回避不了的。

道德是橡皮筋，法律才是硬约束

中国人喜欢用道德来说事，用道德来衡量并绑架人和事。可是殊不知，道德只是根橡皮筋，你用它来衡量别人，有时候却会弹回来伤到你自己。而一旦到那时候，“革命革到自己头上”，就怎么也扯不清了。

尤其是中国人的人伦关系强调“你中有我，我中有你”，好起来恨不得穿同一条裤子，甚至愿意“割头换脖子”；可是一旦翻脸无情，就都会觉得“你欠我的”，以至于在所有社交圈子里撕得身败名裂。

可以说，这是导致庞氏骗局在我国特别兴盛的文化原因。因为有这种人伦关系存在，所以每个人似乎都能用“人情债”来对别人进行摆布和操纵；考虑到关系破裂后很难看，也会让一些人在这种背景下当初就毅然拒绝参与骗局。为什么？因为他即使从中赚到了钱，将来也面对不了众人辱骂、断绝关系、身败名裂的可悲下场。

说到底，中国人喜欢用道德而不是法律来约束自己和别人，这种做法终究是矛盾的、无力的，道德有时候真的很难扯得清。有人说夫妻一方出轨是不道德的，但马上就有人引用革命导师弗里德里希·恩格斯的话说“没有爱情的婚姻是不道德的”。宋朝道学大师朱熹到处宣讲“存天理，灭人欲”，反对寡妇再嫁，可是他自己却在与寡妇偷欢。道德要求人人“学雷锋”，但事实上不可能人人都做雷锋，倒是有不少人假装是雷锋，这正是“学雷锋”活动开展40多年来的真实写照。①

所以，如果有一天大家都会从法律角度来看待庞氏骗局、认为参与传销是违法的，而不只是从道德或人情角度出发、碍于情面加入其中，并且政府能实实在在堵塞法律漏洞，那才有可能真正减少这一骗局。

例如，“消费全返”模式在国外大约出现在1990年，2004年进入我国电子商务市场。消费越多返利越大，这就大大刺激了消费欲望，从而也被庞氏骗局所盯上，成为一种新的骗术。而在许多国家，“消费全返”模式是严格禁止的；即使是部分返利，法律也规定必须当场返回，延迟返回及慢慢返回都是非法的，这就给政府“与国际接轨”提出了要求。

顺便一提的是，“道德是橡皮筋，法律才是硬约束”是在我国国情下所说的；美国虽然也有庞氏骗局，但很少会像我国这样盛行。许多谎称“从美国引进”的骗局招数，实际上都是华人专门为中国人量身定制的，真正的美国人很可能连听都没听说过。

为什么？重要原因之一在于，美国人不像中国人那样人人都想发大财、做大官，为此甚至可以不择手段，没有敬畏之心，没有道德底线。

所以能看到，美国就没有像我国这样立法禁止传销。在美国人看来，阻止人们的犯罪意图属于道德、信仰和宗教的任务；骗人虽然不道德，但不能说它就是非法的。因此美国人坦率地承认，骗人的言论和过程谁都禁止不了，法律能做的，只能是惩罚其犯罪后果；而在这方面，美国已经具

① 徐娉婷：《中国人关系决裂为何如此难看》，腾讯网，2016年9月9日。

有完备的法律，再加上新闻自由下媒体的充分曝光，足以让任何骗子都无处遁形，所以不需要专门再对传销立法。①

严厉惩处，罚他个倾家荡产

2016年上半年，我国各地公安机关共侦破组织、领导传销活动犯罪案件933起，涉案金额41.5亿元，而这还不是所打击庞氏骗局的全部。

实事求是地说，庞氏骗局在我国屡禁不止，甚至有愈演愈烈之势。原因之一在于，每次打击都无伤其大雅。抓到的多是些喽啰兵，那些遥控指挥的“头头”不是深藏不露，就是躲在境外，要逮住他们难上加难。所以，就会出现这个窝点打掉了那边又会冒出来的情形，关键是斩草没除根。

应当承认，网络的发展给打击网络型庞氏骗局增加了不少难度，但可以相信“魔高一尺、道高一丈”，办法总比困难多。2016年9月23日，最高人民法院、最高人民检察院、公安部、工业和信息化部、中国人民银行、中国银行业监督管理委员会6部门联合发布《关于防范和打击电信网络诈骗犯罪的通告》，其中就提道“自2016年12月1日起，个人通过银行自助柜员机向非同名账户转账的，资金24小时后到账”，这在遏制电信犯罪和庞氏骗局方面就是一条有力的措施。

此外还有一点，那就是要么没抓住、抓住了就要往死里整，罚他个倾家荡产、牢底坐穿，这种警戒作用还是相当有效的，至少会让骗子仔细算算得失账。

2015年2月18日，美国证券交易委员会起诉2名金字塔式庞氏骗局

① 《漂洋过海来骗你：来自美国的12大传销组织，你知道几个》，搜狐网，2016年8月29日。

的幕后操纵者克里斯廷·约翰逊和特洛伊·巴尔内斯，勒令他们停止相关业务，并兑现向参与者作出的提供700%投资回报的承诺。这两个人曾经通过在线视频向参与者承诺，只要他们投资50美元，就能在3~6个月内得到400美元的回报。而实际上，这家公司并没有合法的业务经营，完全是拿之后参与者的钱去支付之前参与者的所谓获利回报，其中有相当一部分资金已被他们个人挥霍一空，属于典型的庞氏骗局。从2014年4月至2015年2月，两人已吸引到380万美元的资金。①

可以说，美国证券交易委员会的这一判例就很具有典型性：一方面，你这属于庞氏骗局，所以必须立刻停止，接受法律惩处；另一方面，既然你公开承诺有这样的投资回报，那你就得必须履行这样的承诺。而要真正做到这一点，就必定会让做局者倾家荡产，同时却又很好地维护了社会信用。用我国百姓的话来说，这就叫“吹牛皮要缴税”。

试着这样解救你的亲人

从个人和家庭角度看，当你的亲朋好友陷入庞氏骗局后，你有义务和责任把他们解救出来、恢复正常的生活和工作。虽然社会、法律也有责任这样做，但说实话，“远水解不了近渴”，主要还得靠你自己的力量。

然而不用说，这绝非一件简单的事，甚至根本不会有任何效果。面对亲友的百般规劝，对方不是无动于衷，就是对你反洗脑，这只能说明两点：一是他陷入太深，已经不可救药，谁都没办法，就好比哪怕最优秀的医生也不可能包治百病一样。二是你的权威性还不够，说话没分量，对他不构成威慑力。例如，一对老夫妻吵架闹离婚，你一个毛头小伙子或小姑

① 金良编译：《美SEC起诉两名庞氏骗局操纵者》，新浪网，2015年2月19日。

娘去劝架，叫他们“要夫妻恩爱”什么的，他们会听你的吗？相反，如果是家族中最有权威的人士或地方党政领导去对他们说同样的话，效果就可能会大不一样，否则他们知道自己这就叫“给脸不要脸”了。所以，当第一种办法不行的时候，可以考虑试试第二种；如果第二种也不行，如果有必要“可以死马当活马医”，否则就只能随他去了。毕竟，每个成年人所做的事情终究都要由自己负全责，别人谁也帮不了忙。

另外有一点，就是要记住心理学上的一种理论——一次失败的说服会强化被说服者原本的观点。也就是说，当你要准备说服他时，必须要有必胜把握，否则如果第一次说服不了他，后面就更难说服了。并不是像有些人所理解的那样，今天说不通，明天继续做工作，时间长了总会说通的。不一定。尤其是参与庞氏骗局的人，他们都有一套套歪理，绝不要轻敌。

例如，2016 年 1 月，长沙一位年轻姑娘 V 被男友骗到南昌去搞传销，经过 10 多天洗脑后，已经对“连锁经营业”深信不疑。母亲得知后赶去解救，结果闹了两天 V 依然是死活不肯离开，并且还被反洗脑。无奈之下，1 月 13 日凌晨，女孩的父亲只好电话求助朋友刘某帮忙，开车去南昌强行把她架上车押回了家。请注意，这第一步就首先要让 V 脱离那个环境，这非常重要。如果她还在那个环境中，就必定会是该群体的一分子，表现出这一心理群体特有的一些特征来，如群体冲动、易变、急躁等刺激因素，易受暗示和轻信，情绪夸张、易走极端，等等。并且在他们自成一体的政治经济体系中，会处处觉得他们讲得有道理，那就再也无法解救她了。

言归正传。第二天他们苦口婆心地劝说了一整天，自然是不见效果。请注意，你绝不要小看了这些被洗过脑的人，一般人是无论如何也攻不破他们“海、陆、空”三道防线的，因为他们本身就是靠忽悠人吃这碗饭的。例如，如果你劝他“现在过得这么苦，你这不是傻吗？”这时候他会轻描淡写地说，“苦又怎么样？我这叫吃得苦中苦、方为人上人。”如果你说“你也看看电视吧，看看这些人的下场将来会怎么样？”他则会说，“你们都不懂，总有一天这些都会是合法的，只是你们现在不了解罢了。”如果你说“两年赚几百万，你觉得可能吗？”他会回答，“别人可以，我当然也可以啊！”至此，估计你也只能哑口无言了。

第三天，刘某约了某上市公司董事长夫人一起吃饭做工作。这位夫人和丈夫一同白手起家，阅历非常丰富。在参观厂房时，夫人对V说：“实业兴邦。那些靠拉下线的行为肯定是不正当的。”吃饭时，她又直截了当地说，“让他们把营业执照、增值税发票拿出来给你看看，如果拿不出那肯定就是假的、违法的。”然后，她又现身说法讲了她的一个朋友是如何被套进去、最后已经出不来了的故事。

V就真的这么被说服了。现在她非常庆幸大家都能苦口婆心地、不放弃地帮她，称这些人都是她的贵人。

再出一招：你如果要规劝亲人，可是却又找不到这样一位权威、说话有条理又有分量的长者，甚至不妨考虑找一个当地有点名气又上了年纪的算命先生，他们祖传的洗脑水平可不是一般厉害。特别是像V这样的人一般多少有点迷信，但面对算命先生这样的洗脑高手，就小巫见大巫了。

当然，在此之前你要和算命先生先串通好，给他布置些任务。这其实也没什么，只不过是“以其人之道还治其人之身”罢了。归根结底，洗脑只是一种技术，而技术本身也谈不上有好与坏之别。她现在既然已经被洗脑了，那就只能再用洗脑把她漂白过来，也可以称为“以毒攻毒”吧。

拓展阅读

“洋鬼子”开始盯上中国

随着我国经济在全球的崛起，国内外庞氏骗局也会更多地融合在一起瞄准我国；又由于经济全球化发展很快，这些庞氏骗局越来越呈现出多样化，中国的做局者逃往国外、外国人也开始越来越多地涉足国内骗局了。

2012 年 6 月，新加坡籍华裔莫某和英国知名金融家大卫·安德鲁·伯恩等，联合中国大陆陈某、何某等人，以欧元外汇代理的身份，针对我国大陆投资者推广欧元外汇理财项目，吸收投资者炒作外汇。他们声称公司成立有 13 年之久，办公地点在英国伦敦金融城，在全球拥有 200 多名员工，吸引了全球 100 多个国家的 5 万名参与者。

他们宣称，欧元外汇使用独特的外汇交易方式及策略，可以确保参与者在低风险甚至零风险前提下每月获利 9% ~16%，承诺参与者账户内资金随进随出，每个周末可自由提款单笔 5 万美元以内，并可无条件取消账号，所以资金不会被套牢。

具体办法是：参与者在他们的官网上进行注册、开设账户，初始账户类别分为每月回报率 9% 的白银账户（1 万美元起投）和 12% 的黄金账户（10 万美元起投）、16% 的卓越账户（25 万美元起投）以及对冲账户。每个参与者最低投资额 10 万美元。投资款汇入指定收款账户后，参与者便能得到一个独立的 ID（账号）和 2 个账户，其中的交易账户用于外汇交易，活期账户用于管理每天的交易利润，公司扣除交易利润的 20% 作为佣金。

为了增加说服力，他们还提供了 EUROFX（该公司名）在英国工商注册管理局的注册号和 2012 年 7 月 22 日在新西兰金融监管局注册的金融服务商号（不过该注册号在当年10月11日即被吊销）。2013年后，他们又悄悄修改公司名称，开始使用2012年12月3日在新西兰金融监管局新注册的金融服务商号。因为新旧名称极其相似，所以当时并没能引起任何参与者的怀疑，并且该服务商号也在2013年3月6日被吊销。但直到此时，该理财项目已持续运营了8个月，实际上无须再通过宣传册来吸引参与者、仅凭口口相传的拉人战术就行了，所以也没有人怀疑该公司的合法性。

该公司多次在韩国、泰国、马来西亚、中国香港、中国澳门、中国大连等地开展高端招商活动，邀请影星造势，并多次组织参与者参观在英国的两个办公地点，给参与者留下公司实力强大、盈利稳定的错觉。

2013年7月20日，该公司开始冻结所有参与者账户3个月，谎称是为了配合新西兰反洗钱调查，但在此期间不影响取出收益；并称新西兰监管当局对于资金外汇交易有对冲要求，从而诱使许多参与者加倍投资进行对冲。9月18日，公司公告称将与万事达卡和维萨卡合作发行支付卡，届时参与者将能自己提取现金而无须提交提现申请。10月13日，即在3个月账户冻结期即将结束之际，在毫无征兆的情况下宣布合并重组，公司名称改为FXCAP，同时更新网站和网址，删除过去所有的信息记录。2014年3月31日起，确实有少数人收到了由英国寄出的带有FXCAP标志的万事达卡，但打开一看里面没有一分钱，也不与投资账户相连，根本无法使用。4月15日，公司再次发布公告称要换卡，时间需要2~4个月。至此，许多参与者疑虑重重，可是这时候已经为时已晚，因为他们既不知道自己的资金去向，又对FXCAP公司一无所知。

而当一些参与者千里迢迢去英国开展调查时，才发现这两家公司均人去楼空。该公司没有董事，没有员工，没有办公室（地址是一个租来的信箱），客服电话是外包的，只负责留言；没有交易，当然也就没有盈利。而根据英国法律，这种向欧盟区外投资者宣传、推销的行为并不受英国当局监管；即使在英国国内，该公司在英国公司注册查询系统 Companies House 的经营登记也是“业务支持”，而非金融。

就这样，EUROFX/FXCAP 诈骗案成为我国几十年来规模最大的庞氏骗局，该公司自称共吸引全球 100 个国家的 5 万多名参与者。目前已经证实的受害人超过 3700 人，主要分布在我国大陆及港澳台在内的近 100 个城市，损失投资额高达 10 亿美元。以我国境内有 3 万名受害者、每人平均投资额 130 万元人民币计算的话（现已知道有好几位个人参与者单笔投资达 5000 万元人民币），其损失也要有约 400 亿元人民币。